JN064619

チームレジリエンス

困難と不確実性に強いチームのつくり方

Team Resilience

池田めぐみ　筑波大学 ビジネスサイエンス系 助教

安斎勇樹　株式会社MIMIGURI 代表取締役Co-CEO

日本能率協会マネジメントセンター

はじめに
チームの行く手を阻むもの

チームに降りかかる「困難」を乗り越えるには

早く行きたければ一人で行け。遠くへ行きたければみんなで行け。
(If you want to go fast, go alone. If you want to go far, go together.)

これはアル・ゴア元米副大統領がノーベル平和賞授賞式典の演説で引用し、有名になったアフリカの諺です。

一寸先も見えない現代において、これまでのような「個人プレイ」ではなく「チームで成果を出す」ことが、あらゆる職種で求められるようになってきています。

しかし現実には多くの「困難」が降りかかり、チームの目標や基盤を脅かします。

・ロングセラー商品の突然の不振

・業界破壊的なスタートアップの出現
・人手不足に業績不安
・取引先の無茶な要求
・理不尽なクレーム
・ＳＮＳの炎上
・ギスギスした人間関係
・コミュニケーション不全
・エースの離脱

一つの「困難」を解決できぬうちに、また次の「困難」が立ち現れる。まさにストレスフルな状態です。

このような「困難」をやりすごす術を、私たちは持っていないわけではありません。

・〝我慢は美徳〟の教えに従って、苦難が去るまで耐え忍ぶ
・誰かを悪者にして、自分には関係ないと言い聞かせる
・二度と同じ過ちを起こさぬように、辞典のようなマニュアルを作成する

しかし、私たちはすでに理解しているはずです。このような場当たり的なやり方では、いつまでも長くは続かず、目の前の「困難」の根本的な解決にはならないことを。

何かある度に責任を取らされるリーダーには、やがて誰も立候補しなくなるでしょう。不祥事の度に増えるマニュアルの禁止事項は、すでに覚えきれる量ではありません。ミスをする度に小言を言われていた新人は、いずれ体調を崩してしまうかもしれません。

チームの「困難」を本質的に乗り越えるためには、私たちには何が必要なのでしょうか。

不確実性が常に私たちをモヤモヤさせる

この「困難」の厄介さに拍車をかけているのが、時代の「不確実性」です。

不確実性とは、未来の結果が予測できず、リスクをコントロールできない状態を指します。

この先どうなるのかわからない。
いま何が起きているかもわからない。

まさに「わからなさ」が靄《もや》のように立ち込めている状態です。

「困難」と「不確実性」の相互関係は第1章で詳しく考察しますが、ここでは時代の「不確実性」が生み出す人間のストレスのメカニズムについて、整理しておきましょう。

人間のストレスは、外部からの不快な刺激（ストレッサー）に対する脳の反応であることは、広く知られている事実です。

ところが興味深いことに、人間は「予測できる刺激」よりも「予測できない刺激」のほうが強くストレスを感じることが、ある実験によってわかっています[1]。

例えば5秒後に電気ショックがくることがあらかじめわかっていれば、それが仮に耐え難い痛みであったとしても、それなりに耐えることができます。

しかし、さほど強い痛みではなかったとしても、それが「いつ与えられるかわからない状況」のほうが、人は大きなストレスを感じるというのです。

予測がつかないだけでなく、刺激の「原因」がわからない場合も同様です。

まったく心当たりがない頭痛や腹痛が不定期に繰り返される状況を思い浮かべてみてください。放っておけば治るのか。すぐに病院にいくべきか。何科を受診すればいいのか。

原因と輪郭が捉えどころのない刺激もまた、私たちにとってストレスフルなのです。

すなわち人間は、自分にとっての「困難」の痛みそのものだけでなく**「不確実性」が高まった状況において、強いストレスを感じる**ということです。外部環境が不確実であることは、私たちに恒常的なストレスを与え、常に「モヤモヤ」させるのです。

ストレスから逃げるほど、ストレスを増長する悪循環

不確実性が、なぜ「困難」に拍車をかけるのか。
それは、人間は自分自身にストレスが発生すると、

1 De Berker, A. O., Rutledge, R. B., Mathys, C., Marshall, L., Cross, G. F., Dolan, R. J., & Bestmann, S. (2016). Computations of uncertainty mediate acute stress responses in humans. Nature communications, 7(1), 10996.

図表0-1：ストレスは「不確実性（わからなさ）」から発生する

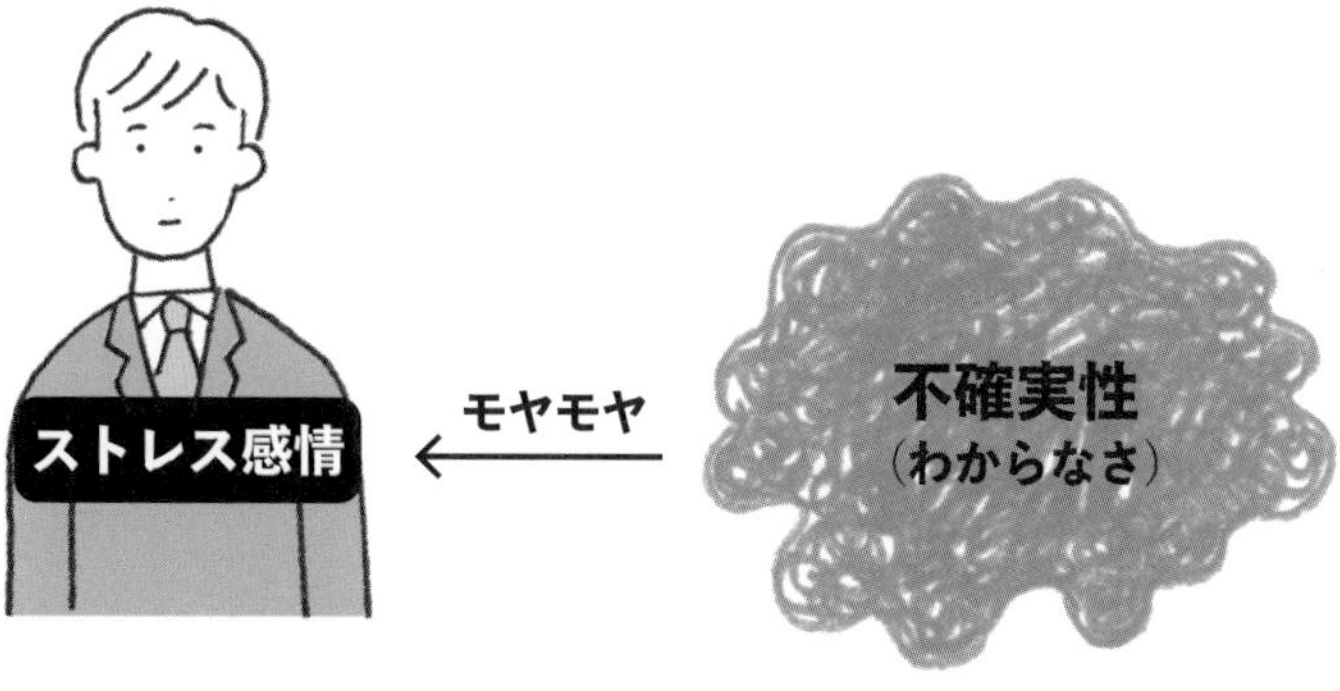

ストレスの「根本原因」を取り除くことよりも、ストレス感情を「一時凌ぎ」することを優先してしまう性質を持っているからです。

すなわち、肝心の「困難」を解消しようとするよりも、不確実性によって発生したストレスを「とりあえず減らす」ことを優先するあまりに、一人ひとりが「逃避的行動」に走ってしまうのです。

逃避的な行動とは、困難な状況の「犯人」を探して、責任を誰かに押し付けること。それが見つからなければ、組織や社会のせいにして、愚痴を発散すること。困難そのものから目を背けて、逃げたり、諦めたりすること、です。

ましてや現代は外部環境の変化のスピードが増し、慢性的にリソース（時間、予算、人手など）

図表0-2：個人の逃避的なストレス対処の結果、チームの困難と不確実性は増大する

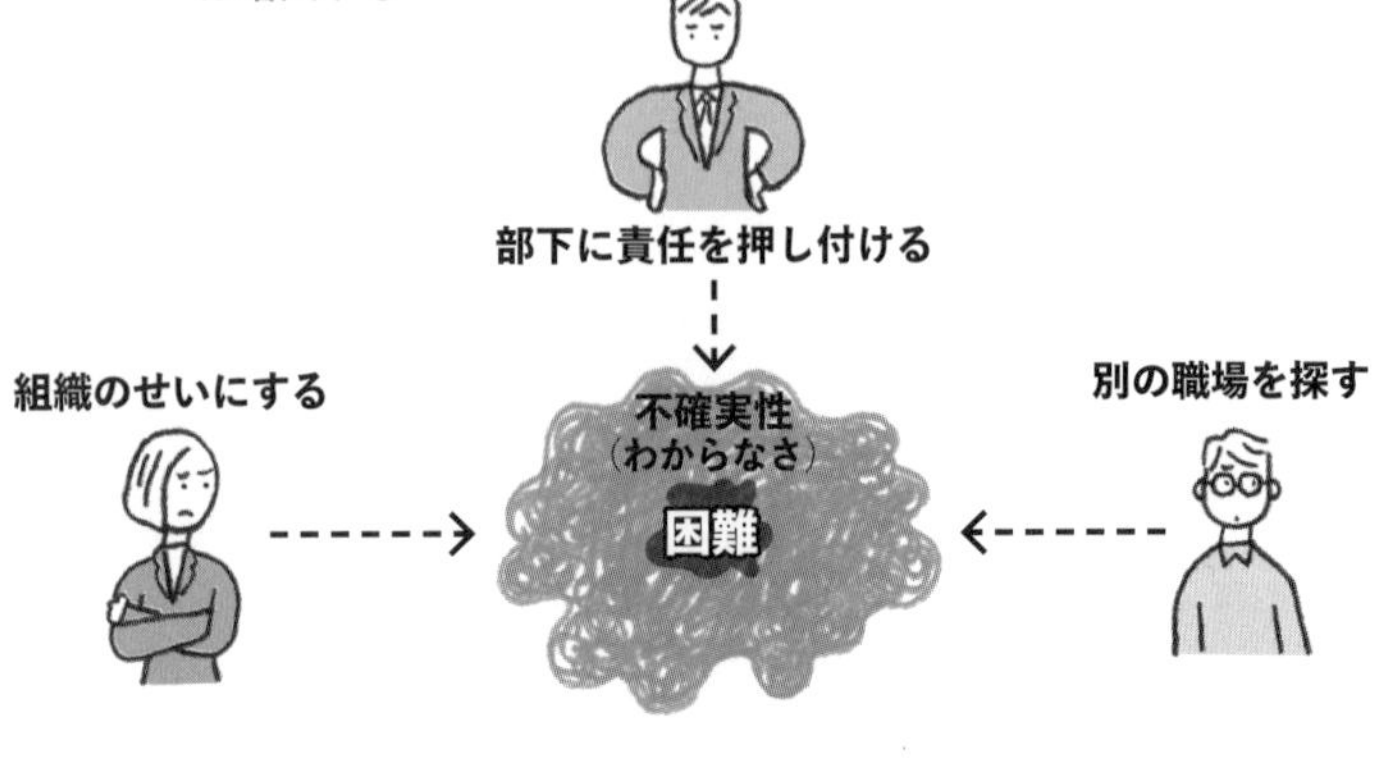

の不足に悩まされています。じっくり腰を据えて不確実性や困難に向き合う余裕がないなかで、私たちは取り急ぎ、ストレス源から退散しようとしてしまうのです。

もちろん「逃げる」ことは、必ずしも悪いことではありません。心身が脅威にさらされた時には、その場から撤退することが必要な場面もあるでしょう。

しかし、チームの全員が自分自身の心を守るために逃避的な行動を取り続けている限り、困難は解消されません。


「この先どうなっていくのか」

「いったい今何が起きているのか」

「どうすればうまくいくのか」


チームにとっての不確実性と困難は、**一人ひとりが「逃げ」続けている間に、どんどん膨れ上がっていくのです。**各自がストレスを減らすための行動が、悪循環的にストレス源であるチームの困難と不確実性を助長してしまう。

これが、困難が永久に解決されず、不確実性が低減されない根本的な問題構造なのです。

チームレジリエンスで困難を乗り越える

本書の目的は、不確実性の中で次々に降り注ぐ「困難」を乗り越える強いチームをつくるための処方箋を、最新の学術研究の成果に基づいて提案することです。

レジリエンス（resilience）とは、「回復力」「復元力」「弾性」などを意味する言葉です。危機的な「困難」に直面した際に、精神的に折れずに立ち直り、回復するための能力やプロセスを指す言葉として、近年注目されています。

元々は戦争や飢餓、幼少期のトラウマなど、逆境体験に関する心理学的研究から発展してきた概念です。[2] その後、災害からの回復プロセスとして社会学や災害学などの領域で発展し、現在はビジネスに不可欠な要素として、キャリア論や組織論で注目されています。

しかし前述した通り、個人が自分の身を守るだけの「**独りよがりのレジリエンス」では、目先のストレスが軽減できるだけで困難と不確実性は低減できません。**レジリエンスをチームの力によって高めていくことで、一人ではお手上げだった困難と不確実性にも負けないチームをつくることが、本書の提案です。

もしかすると「うちの会社はコンプライアンス体制もしっかりしているし、危機管理は万全だよ」と考えている人もいるかもしれません。

しかし、確かにそれは企業経営のリスクヘッジの観点からは素晴らしいことではありますが、強いチームを作るレジリエンスの観点からは、注意が必要です。

困難を創造的に乗り越えてチームが成長することと、問題を誰かの責任にしてマニュアルを分厚くすることは、まったく別のことだからです。

チームでレジリエンスを発揮することは、もちろん簡単なことではありません。

そのアプローチを紐解くと、心をケアすること、自分の感情に向き合うこと、正しく問いを立てること、対話をすること、良い教訓を残すこと。これらを限られたリソースを使いながら組み合わせて実行する複合的な能力だといえます。

困難が発生してから対処するのではなく、日頃からチームで連携してリスクに備えておくことも必要です。

しかし、それぞれにはきちんと理論があり、実証された根拠があります。

2 村木良孝．(2016)．レジリエンスの統合的理解に向けて：概念的定義と保護因子に着目して．東京大学大学院教育学研究科紀要，55, 281-290.

著者の一人である池田めぐみは、長年レジリエンスに関する研究に取り組んできました。キャリア上の挫折から立ち直るための方法や、起業家が困難を乗り越え成長するために必要な信念などについてです。

これらは「個人のレジリエンス」と呼ばれます。

こうした研究に取り組む一方で、就職し企業で働く同期たちがチームのリーダーとして重要な役割を果たすようになりました。

チームの人間関係のもつれや、予期せぬ困難に巻き込まれ、責任感の強い彼らは個人のレジリエンスを発揮して何とかしようと奮闘します。

しかし、そこで目の当たりにしたのは逆境に打ち勝ちガッツポーズを決める姿ではなく、ゆっくりと疲弊していく同期の姿でした。

池田は彼ら彼女らに役立つ研究知見がないかと模索し始めます。

そこで出会ったのが「チームレジリエンス」です。

最初は個人に関わるものとして捉えられてきたレジリエンスは、近年、チームが持ち発揮するものとして位置付けられていたのです。

そこで本書では、レジリエンスとチームレジリエンスに関する50本を超える海外の研究論文を下敷きにしながらも、誰にでも実践可能なかたちでチームレジリエンスを高める方法をまとめてみました。

読みやすくするため、なるべく本文には研究を引用していません。背景にある理論や根拠を知りたい場合は、注釈を辿ってみてください。

本書が困難に溢れる不確実な現代社会において、チーム運営に悩む皆さまの一助となれば幸いです。

安斎勇樹

Contents

はじめに　チームの行く手を阻むもの　3

第1章
チームの困難と不確実性の科学

チームが乗り越えるべき「困難」とは何か　24
困難とは、チームを脅かす「ストレス要因」である　24
突如として出現する「急性的な困難」　26
常に身近に潜んでいる「慢性的な困難」　28
敵は身内にあり？　チームの内部から生まれる「困難」　30

不確実性の時代が生み出すわからなさの悪循環 35
不確実性が「困難」の解決をよりハードにする 35
不確実性の本質は、未来と現在の「わからなさ」にある 39
外部環境による「わからなさ」は、自分の感情に蓋をする 41
慢性的な「リソース不足」が「わからなさ」の悪循環に拍車をかける 43

第2章 困難を乗り越えるチームレジリエンス

チームレジリエンスとは何か？ 50
そもそもレジリエンスとは何か？ 50
レジリエンスは「回復」に留まらず、「成長」も内包する 53

チームレジリエンスの定義 55
チームレジリエンス以外のレジリエンス 56
【チームレジリエンスに関する誤解①】
個人レジリエンスが高いチームはチームレジリエンスも高い 60
【チームレジリエンスに関する誤解②】
回復に向けて行うことは個人の場合でもチームの場合でも同じ 63
【チームレジリエンスに関する誤解③】
できる社員が多い組織なら、チームレジリエンスは必要ない 67

3つのステップでチームレジリエンスを発揮する 71

ステップ1：課題を定めて対処する 72
ステップ2：困難から学ぶ 73
ステップ3：被害を最小化する 74
守りのチームは「ステップ3：最小化」優先、攻めのチームは「ステップ1：対処」優先 76

「ステップ2：学習」を怠らないことがチームレジリエンスの肝である 79
チームレジリエンスには土台となる「チーム基礎力」が不可欠 81
チーム基礎力の高め方 86

第3章 レジリエントなチームは課題を定めて対処する

チームで困難を乗り越えるのはなぜ難しいのか？ 98
困難に対処できない3つの要因 98
困難を解決可能な課題に具体化する 104
具体化のための5つのポイント 104

課題の整理から見えてくる４つのレジリエンス戦略 121
見える景色を共有する 127

プロジェクト化して課題解決に挑む 137

人任せ、無計画になりがちな課題解決 137
目標、期限、分担を決めて進捗を管理する 139
ウォーターフォールか？ アジャイルか？ 適切な進行方法を選ぶ 142
過去の成功パターンを意識的に捨てる 145
課題に挑む時ほど、チームづくりを 147

ストレスに負けないチームをつくる 157

チームの困難はメンバーの心身の健康を蝕む 157
メンバーのストレスサインを見逃さない 158

ストレスケアのテクニックを広めておく 161

第4章 レジリエントなチームは困難から学ぶ

同じ轍を踏まないために困難から学ぶ 168

振り返りをしているのに、チームが成長しない理由 171

陥りやすい振り返りの悪いパターン 172

「チームレジリエンス型」の振り返り 178

目的を提示する——振り返りの質を下げない 179

よかった点を振り返る——ネガティブをポジティブに 180

別のアプローチをしていたらどうなったか考える──視野の広さが行動を決める　185
前提を疑う──対処ではなく「仕組み」から変える　187
振り返りを習慣化する──インシデント対応で終わらせない　190

今後に活きる教訓をつくる　192

形骸化する再発防止マニュアル　192
目線のズレをマネジメントし、全体方針を決める　194
業務改善だけではなく「役割分担」を見直す　194
教訓を日々の習慣に落とし込む　196
教訓を「痛み」とセットで語り継ぐ　198
教訓を伝える「場」を使い分ける　200

第5章 レジリエントなチームは被害を最小化する

取り返しのつかない事態を事前に最小化する 204
「対処」だけでは不十分 204
最小化のための「早期発見」と「事前対策」 205
困難を早期発見する 207
〝流行り病〟から学ぶ 208
チーム内部の困難のサインを察知する 212
すべての困難を避けるべきか？ 214

困難に備えて事前対策する　217

チーム は〝持病〟を持っている　218
〝避難訓練〟の重要性　224
〝避難訓練〟は「やっただけ」では不十分　227
〝避難訓練〟するほど、リソースがない時は？　232
困難発生時に大きな差がつく「通常業務の手順化」　233
いざという時の「外部専門家リスト」　236

おわりに　239

著者紹介　246

第1章

チームの困難と不確実性の科学

チームが乗り越えるべき「困難」とは何か

困難とは、チームを脅かす「ストレス要因」である

チームレジリエンスの具体的な方法論について解説する前に、現代のチームが乗り越えるべき「困難」とはいったい何か。その性質について整理しておきましょう。

チームで成果を出すことが当たり前になった現代において、従来の個人プレー主導の働き方から脱却して、職場の心理的安全性を高め、メンバーの多様性を活かしたコラボレーションを推進していくことが求められています。

チームワークは「遠く」へ行くために不可欠な手段でありながら、うまくいくことばかりではありません。

何が正解かを誰もわからないビジネス環境においては、チームの行く手を阻む、予想もつかないさまざまな「困難」が待ち受けているからです。

〝ピンチはチャンス〟というのは簡単ですが、チームに降り注ぐ「困難」を乗り越えられなければ、企業であれば倒産や組織崩壊、個人であれば精神的ダメージによる休職などに至ってしまう場合もあります。

そうしたリスクを最小に抑え、「困難」を確実に乗り越える方法を模索することは、現代において急務となっているのです。

本書が下敷きにしているチームレジリエンスの学術研究では「困難」の類語として、「危機」「逆境」などの言葉がよく使われます。これらの定義については膨大な議論があり、共通の見解は出ていません。[3] それらを乱暴にまとめると、以下のような特徴が見えてきます。

・掲げていた目標が達成できそうにない状況
・自分の存在価値や信念が脅かされている状況
・ストレスフルな感情を生み出す要因

3　Chapman, M. T., Lines, R. L., Crane, M., Ducker, K. J., Ntoumanis, N., Peeling, P., ... & Gucciardi, D. F. (2020). Team resilience: A scoping review of conceptual and empirical work. Work & Stress, 34(1), 57-81.
Stoverink, A. C., Kirkman, B. L., Mistry, S., & Rosen, B. (2020). Bouncing back together: Toward a theoretical model of work team resilience. Academy of Management Review, 45(2), 395-422.
Williams, T. A., Gruber, D. A., Sutcliffe, K. M., Shepherd, D. A., & Zhao, E. Y. (2017). Organizational response to adversity: Fusing crisis management and resilience research streams. Academy of Management Annals, 11(2), 733-769.

以上を踏まえて、本書では「困難」を「個人やチームの存在価値・信念・目標達成を脅かすストレス要因」と定義しておくことにします。

困難とは‥
個人やチームの存在価値・信念・目標達成を脅かすストレス要因のこと

突如として出現する「急性的な困難」

チームを脅かす困難の多くは「急性的」に発生します。

現在と未来の解像度にモヤがかかった不確実性の時代においては、一瞬たりとも気が抜けません。たとえ利益が出ているからといって油断をしていると、予想もしない「困難」が突如として眼前に現れ、私たちの足場を揺るがします。

経営学では「ハイパーコンペティション（超競争）時代」とも称され、企業同士の競争の時間的サイクルが短縮化していることが指摘されています。

以前は、ヒットした製品の改善を続けていれば、業界のポジションを守ることができました。ところが現代は一度「競争優位」を築いても、あぐらをかいていられる期間が以前よりも劇的に短くなっているというのです。

昨日までの正解が、明日には通用しないかもしれない。

ひとたび油断すれば、無名だったはずのベンチャー企業に、あっという間に追い抜かれてしまうかもしれない。

これは現代ビジネス環境における最大の「困難」の1つです。

また、現代は「ビッグ・テック」[4]と呼ばれるプラットフォーム企業がビジネス環境を支配していることによって、特定のプラットフォームに対する依存リスクも高まっています。

たとえば、Youtubeからの広告収入を頼りにしているチームからすれば、Google AdSenseの収益化ルールの変更は、生死に関わります。多少の減収で済めばよいですが、ある日突然プラットフォーム自体が終了することもあり得ます。昨日までうまくいっていたビジネスが、即座に倒産してしまうこともあり得るのです。

4　巨大テクノロジー企業の総称。Google（Alphabet）、Apple、Facebook（Meta）、Amazon、Microsoftの5社を指すＧＡＦＡＭの別名としても用いられる。

他にも、パンデミックや大地震のような自然災害や、産業事故なども、依然として警戒すべき「困難」です。このことは、以前から頭では理解していたことですが、2020年以降続く新型コロナウイルスの感染拡大によって、その困難さをリアルに体感することになりました。

チームレジリエンス研究で著名なジョージ・アリガーは、急性的な困難の事例として、フィリップス社の生産工場が落雷があった事例を挙げています。落雷など自然災害による工場の打撃により、フィリップス社とその顧客はコンピュータチップの十分な供給が難しくなり、それをどうにかするために奔走しなければならなくなりました。[5]

このように、予想もしない角度から突如として出現する「困難」を、本書では「**急性的な困難**」と呼ぶことにします。

常に身近に潜んでいる「慢性的な困難」

しかしチームが備えるべき「困難」は、急性的な困難に限りません。疾患にも急性と慢性があるのと同様に、現代のチームは「**慢性的な困難**」にも同時に頭を抱えています。[6]

不確実な時代において、私たちの足場は常に不安定で、波打つように揺れ動いています。市場の動向は常に揺れ動き、生活者が熱中するトレンドも、SNSの普及や情報量の爆発によってこれまで以上に激しく変動するようになりました。

たとえ堅牢なビジネスモデルを築いていても、SNSのちょっとした発言の拡散によって、企業の評判の良し悪しが揺れ動く時代です。ビジネスマーケティングの世界では、デジタルネイティブであるZ世代[7]の揺れ動く関心を捉えることに躍起になっています。また世界情勢を俯瞰しても、英国のEU離脱、米中の対立激化などによって、安定化しつつあった地政学的なリスク[8]も再び高まっています。当然、気候変動も無視できません。

今すぐに致命的なダメージをもたらすわけではないけれど、じわじわと私たちの存在価値・信念・目標達成を脅かすストレス要因となり続ける**「慢性的な困難」もまた、不確実性の時代においては増大している**のです。

5　Alliger, G. M., Cerasoli, C. P., Tannenbaum, S. I., & Vessey, W. B. (2015). Team resilience: How teams flourish under pressure. *Organizational Dynamics*.

6　先述の Alliger et al.（2015）などでは、困難を急性的なものと慢性的なものに分類している。他にも、イベントとしての危機とプロセスとしての危機のような分類の仕方がある（Williams et al., 2017）
Williams, T. A., Gruber, D. A., Sutcliffe, K. M., Shepherd, D. A., & Zhao, E. Y. (2017). Organizational response to adversity: Fusing crisis management and resilience research streams. Academy of management annals, 11(2), 733-769.

7　1990年代半ば～2010年代初頭に生まれた世代。

8　特定の地域同士の政治的・軍事的な緊張感系が、地理的な位置関係によって周辺の地域や世界全体の経済に影響を与えること

このように、**チームが乗り越えるべき困難は「急性的な困難」と「慢性的な困難」のグラデーションによって整理することができます。**

私たちは普段、これらを整理して議論せず、ひとまとめにして「厄介な問題」として捉えがちです。

急性疾患と慢性疾患では治療のアプローチが異なるのと同様に、目の前の問題が「急性的な困難」なのか、「慢性的な困難」なのか、あるいはその合わせ技なのか、冷静に捉えることが肝要です。

敵は身内にあり？
チームの内部から生まれる「困難」

これまで例としてみてきた「ベンチャー企業の脅威」「自然災害」「トレンド変化」「気候変動」などは、環境の外的要因によって直接もたらされる「困難」です。

いわばチームや組織が身を守るべき〝外敵〟です。

図表1-1：急性的困難と慢性的困難

他方、これまでのレジリエンスの学術研究においては、我々が乗り越えるべき「困難」**は外的なものだけでなく、内的な要因によってももたらされる**ことが指摘されています。

最も恐るべき敵は「身内」にいるとよく言いますが、現代のチームもまた、外部の脅威に目を向けるだけでなく、チームの内側から発生する「困難」にも目を向けなくてはなりません。

チームの内部に発生する「急性的な困難」は、多くの組織が新型コロナウイルスの感染拡大という「外的要因」に併発するかたちで、実感したはずです。

例えばオフィスの使用制限、オフラインミーティングの中止、在宅勤務による作業・通信環境の不足、チームメンバーとの雑談機会の消滅、などです。

これまで依存していた身体感覚が突如として奪われ、見えない相手に邪推的になり、衝突や離脱など、人間関係が急速に悪化してしまったチームも少なくないはずです。チームもまた生き物ですから、私たちの体調と同様に、そのバランスとダイナミクスはちょっとしたきっかけで崩壊してしまうのです。

チームの内部にある「慢性的な困難」もまた深刻です。

２０２０年の初期のコロナ禍において「急性的」だった困難への対処が中途半端なまま、一定の不満を残し、劣悪な労働環境やガイドラインが形骸化してしまったケースは少なくなかったでしょう。

例えばテレワークで通勤時間がなくなり、労働時間とプライベートの時間の垣根が融解して曖昧になった結果、残業時間が増加している気がするが、明確な残業管理がなされていない、などのケースが報告されていました。

他にも、新型コロナウイルスの影響に関わらず、チームの慢性的な困難は数えればキリがありません。

・役割定義が曖昧なままプロジェクトが進みがち
・常に人員が不足している
・マネジャーが多忙で部下に振り分けられるタスク量が過多であるが、管理されていない

図表1-2：困難のマトリクス

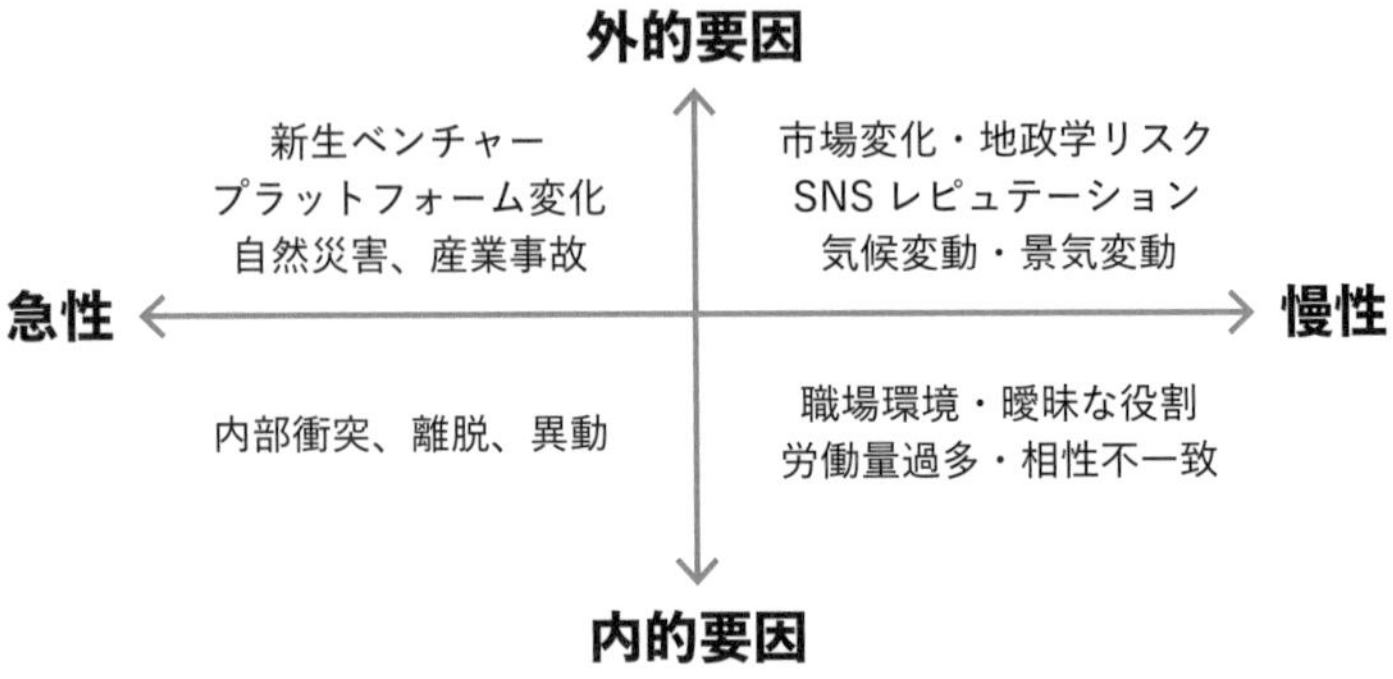

・チームの人間関係がいまいちよくない
・一部の上司や部下の関係性が悪くチームの情報共有に部分的抜けがある　など

高血圧やアレルギーなどの実際の慢性疾患と同様に、緊急性の低い症状は、すぐに対処されないまま、いつしか「当たり前」のものとなり、それがじわじわとチームを脅かすストレス要因となっているのです。

こうした**チーム内部の「慢性的な困難」は、他のあらゆる困難の元凶になるため、注意が必要です。**

人間の疾病と同様に、「慢性的な困難」はしばらく放置していると、ある段階から「急性的な困難」に様変わりします。ちょっとした腰痛を放っておいたら、ある時に「ぎっくり腰」になって歩けなくなってしまうのと同じです。

また内部の「慢性的な困難」を抱えていると、外部から襲い掛かる「急性的な困難」に対する対応力を間接的に鈍らせてしまいます。

国内の交通事故による死亡者数は、年々減少傾向にありますが、高齢者の割合は高水準を維持しているというデータがあります。[9]その原因は、加齢や日頃の運動不足によって身体機能が低下したことで、歩行時の不注意や、突然の車やバイクに対応しきれないことにあると言われています。

チームや組織も同様に、日頃からチームの役割が曖昧で、人員不足や過労が慢性化していると、そうでないチームに比べて自然災害や市場のダイナミックな変化に機敏に対応できないことは、容易に想像がつきます。

非常事態になってから「急性的な困難」に対処しようとするのではなく、日頃からチームに内在している「慢性的な困難」の兆しに目を配り、ケアしておくことが重要です。

このように、不確実性の時代においては、私たちはチームの内外に発生するさまざまな「困難」に立ち向かい、乗り越えていかなければならないのです。

不確実性の時代が生み出すわからなさの悪循環

不確実性が「困難」の解決をよりハードにする

ここまでチームが乗り越えるべき「困難」の性質を、急性⇅慢性、外的要因⇅内的要因という2軸のマトリクスで整理してきました。

現代における「困難」の厄介さを理解する上で、チームを取り巻く「不確実性」について考察しておく必要があります。

困難と不確実性。これが本書の2つのキーワードです。

外部環境の不確実性は、「困難」の直接的な「発生要因」となるだけでなく、すでに発

9　令和5年交通安全白書（全文）https://www8.cao.go.jp/koutu/taisaku/r05kou_haku/zenbun/index.html

生している「困難」への対処の難易度を、よりハードにしてしまう性質を持っているからです。

仕事が「困難」に満ちていることは、なにも今にはじまったことではありません。なぜいま改めて「困難」について考える必要があるのでしょうか。

そのヒントは、今ではあらゆるビジネス書の背景に頻出するようになった「VUCA《ヴーカ》」というキーワードにあります。

「なんだ、またVUCAの話か。それなら知っているよ」と読み飛ばしたくなる気持ちを抑えて、少し丁寧にこの概念に向き合ってみましょう。

VUCAとは、Volatility（変動性）、Uncertainty（不確実性）、Complexity（複雑性）、Ambiguity（曖昧性）の頭文字を取った言葉で、元々はアメリカで軍事用語として使われていた言葉ですが、近年になってビジネスの外部環境の様相を説明する言葉として普及しています。

アメリカの経営学者ネイサン・ベネットとG・ジェームズ・ルモワンは、Volatility（変動性）、Uncertainty（不確実性）、Complexity（複雑性）、Ambiguity（曖昧性）の意味す

図表1-3：VUCAとは

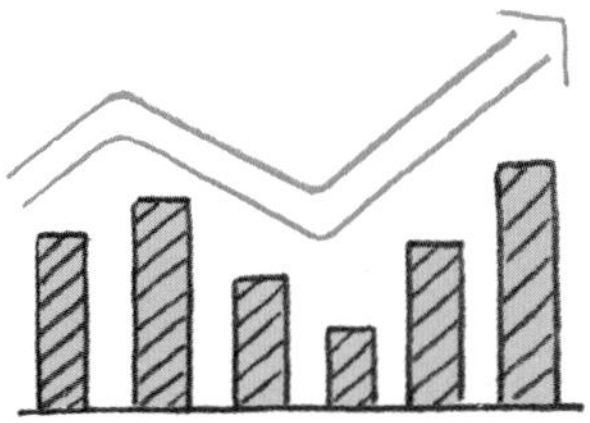

Volatility（変動性）

不安定で予測不可能な状況のこと。比較的緩やかな変化。
うまく対処するには、俊敏性が重要。

Uncertainty（不確実性）

ある出来事により、変化や困ったことが生じるかわからない状況のこと。
うまく対処するには、情報収集が重要。

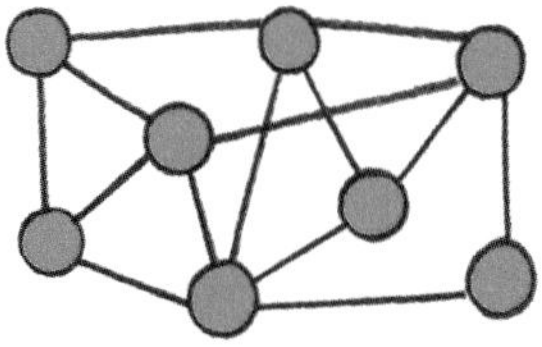

Complexity（複雑性）

多くの要素が相互に関連している状況のこと。
組織が複雑性に対処するには、構造改革が重要。

Ambiguity（曖昧性）

前例がないことを扱っていてうまくいくかわからない状況のこと。
うまく対処するには、実験が重要。

出典：Bennett & Lemoine (2014) をもとに筆者が作成

るところを、それぞれ下記のようにまとめています。[10]

● **Volatility（変動性）**：外部環境の変化が激しく不安定であることによって、先行きの予測不可能な状況のこと。急速な変化というより、比較的緩やかな変化が想定される。うまく対処するには、俊敏性が重要。

● **Uncertainty（不確実性）**：ある出来事により、変化や困ったことが生じるかわからない状況のこと。うまく対処するには、情報収集が重要。

● **Complexity（複雑性）**：多くの要素が相互に関連している状況のこと。組織が複雑性に対処するには、構造改革が重要。

● **Ambiguity（曖昧性）**：前例がないことを扱っていてうまくいくかわからない状況のこと。対処には、実験が重要。

この状況をいち早く予言していたアメリカの経済学の巨人、ジョン・ガルブレイスの1977年の名著『不確実性の時代』に敬意を表して、〝VUCA〟に満ちた現代は、代名詞的に「不確実性の時代」と呼ばれています。[11]

不確実性の本質は、未来と現在の「わからなさ」にある

不確実性の時代の本質を一言でいえば、「わからなさ」にあると言えるでしょう。

V・U・C・Aの4つの変数を「V&U」と「C&A」の2つに分けて整理すると、現代社会に蔓延する「わからなさ」の性質がくっきりと見えてきます。

V&U→この先どうなるのかわからない

Volatility（変動性）とUncertainty（不確実性）は、外部環境が目まぐるしく変化し、先行きの見通しが立たない状態、すなわち「この先どうなるのかわからない」状況につながります。いわば**「未来のわからなさ」**です。

10　Bennett, N., & Lemoine, G. J. (2014). What a difference a word makes: Understanding threats to performance in a VUCA world. Business horizons,

11　「不確実性（Uncertainty）」はVUCAの一要素ですが、VUCA全体の特徴を指す言葉として使用しています。

図表1-4：V&U（未来のわからなさ）とC&A（現在のわからなさ）

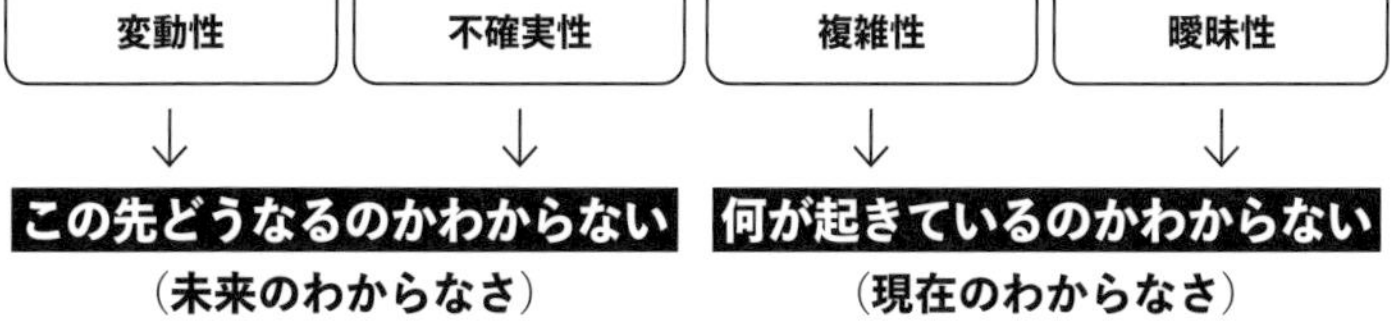

出典：舘野泰一、安斎勇樹『パラドックス思考』（ダイヤモンド社、2023）

C&A→何が起きているのかわからない

Complexity（複雑性）とAmbiguity（曖昧性）は、今目の前で起きている事象の要因が複層的で「一体何が起こっている?」、「どうしてこうなった?」と思えるような事態につながります。

すなわち「何が起きているのかわからない」状況です。いわば「**現在のわからなさ**」と言えるでしょう。

このように、VUCAによって**未来と現在の解像度にモザイクがかかったような、捉えどころのない状態が「不確実性の時代」**の本質です。

このV&Uが生み出す「この先どうなるのかわからない」と、C&Aが生み出す「何が起きているのかわからない」という2つの「わからなさ」が組織とチームに蔓延して組み合わさると、何が起きるでしょうか。

図表1-5：「どうすればうまくいくのかわからない」がストレス感情を生む

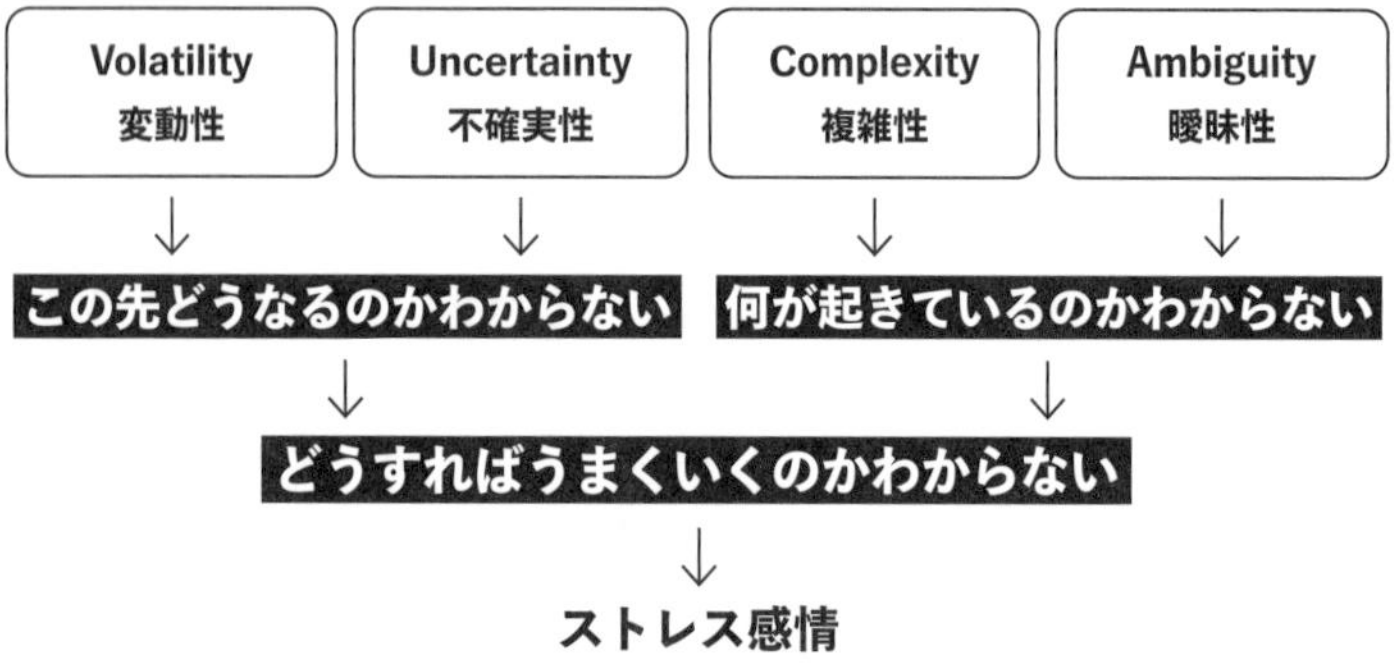

出典：舘野泰一、安斎勇樹『パラドックス思考』（ダイヤモンド社、2023）

漠然とした閉塞感や焦燥感だけが残されたまま、いったい何が解決すべき問題なのか、その輪郭すら掴めない状態。すなわち**「どうすればうまくいくのかわからない」という問題解決における根源的な悩みに帰着**します。

「はじめに」で述べた通り、この不確実性による「わからなさ」の連鎖は、私たちに大きなストレスを与えます。前節で、「困難」とはチームを脅かすストレス要因のことだと説明しましたが、それを覆う「不確実性」は、そのストレスをさらに助長するのです。

あなたが最近手にとって「役に立った」「助けられた」と感じたビジネス書を思い出してみてください。おそらくその本は、あなたの「この先どうなるのかわからない」「何が起きているかわからない」「どうすればうまくいくのかわからない」のいずれか、もしくは複数の「わからなさ」によるストレスを軽減してくれた本だったのではないでしょうか。

外部環境による「わからなさ」は、自分の感情に蓋をする

人間はこのような「わからなさ」だらけのストレスフルな状況に立たされると、今度は「自分が何がしたいのかがわからない」という内なる「わからなさ」に悩まされます。こ

のメカニズムについて、順を追って説明しましょう。

人は、ある程度外部環境が安定しているように感じられるとき、自分が何をしたいのか、自分自身の動機や意思に素直に向き合うことができます。

例えば、確実にサンタクロースがクリスマスプレゼントを届けてくれることが確信できている状況を思い浮かべてください。

おそらくしばらくの間「前から欲しかったあのオモチャにしようか、今流行っているあのゲームにしようか」と頭を悩ませながらも、最終的には「これが欲しい！」と、答えを出すことができるでしょう。

人はルールがシンプルな状況においては、自分の内なる感情に、じっくり正面から向き合うことができるのです。

ところが、サンタクロースがいつやってくるかもわからない。

本当に来てくれるかどうかもわからない。

お願いしたものが届くかどうかもわからない。

さらには、流行りのおもちゃやゲームのトレンドが激しく入れ替わるような状況ではどうでしょうか。
おそらく「自分が何が欲しいのか」を冷静には考えられないはずです。次第に「どうせ考えても仕方がない」と考えるようになり、欲求そのものが忘れさられてしまうかもしれません。

このように、先行きが見えず、不安定で、努力しても報酬が得られるかどうかわからない外部環境に置かれ続けていると、私たちは外部環境に適応することに必死になり、肝心の「**自分達は何がしたいのか**」**という根源的な欲求から、目を背けるようになっていく**のです。

慢性的な「リソース不足」が「わからなさ」の悪循環に拍車をかける

ＶＵＣＡによって発生したストレスフルな状況は、さらに解決をするために割く「リソース不足」によって、増大

図表1-6：ストレス感情により自分の欲求に目を背ける

どうすればうまくいくのかわからない

↓

ストレス感情

↓

自分が何がしたいのかわからない

します。

リソースとは「資源」のことであり、人手、物資、予算、時間など、物事を実行する上で、もととなるものです。

たとえ、「どうすればうまくいくのかわからない」、「自分が何がしたいのかわからない」状況だったとしても、時間に余裕があって、潤沢な予算と人手を使いながらさまざまな選択肢を一つひとつ試していく余裕があるのであれば、「わからなさ」によるストレスはさほど感じないはずです。

ところがVUCAである現代において、ビジネスの意思決定に求められるスピードが以前より速くなっています。それゆえに、あらゆる組織が慢性的な人手不足に悩まされ、資金の無さを嘆いている状況です。

このような現代の組織における**慢性的な「時間のなさ」「人手の足りなさ」「お金のなさ」は、私たちの冷静な判断力を奪います。それによって、ますます「どうすればうまくいくのかわからない」「自分が何がしたいのかわからない」状況が悪化していきます。**

これがＶＵＣＡによって発生する「わからなさ」が渦巻く悪循環構造の正体です。

これによって「自然災害」「内部衝突」などの明確な「困難」が発生しようとしまいと、大前提として、現代の職場は「わからなさ」に侵食されており、ストレスフルな状況なのです。

喩えるならば、常に酸素濃度が少しだけ低く、生きていられるけれど、息苦しい状態。プレー開始時からデフォルトでゲームの難易度が「ハード」に設定されているような状態。強敵を倒す以前に、ただ操作しているだけでしんどいゲームを、私たちはプレーしているのです。

この悪循環にはまると、自分たちが「何がしたいのか」だけでなく、**「これはしたくない」「これは嫌だ」という後ろ向きな感情にもまた**

図表1-7：リソース不足が拍車をかける

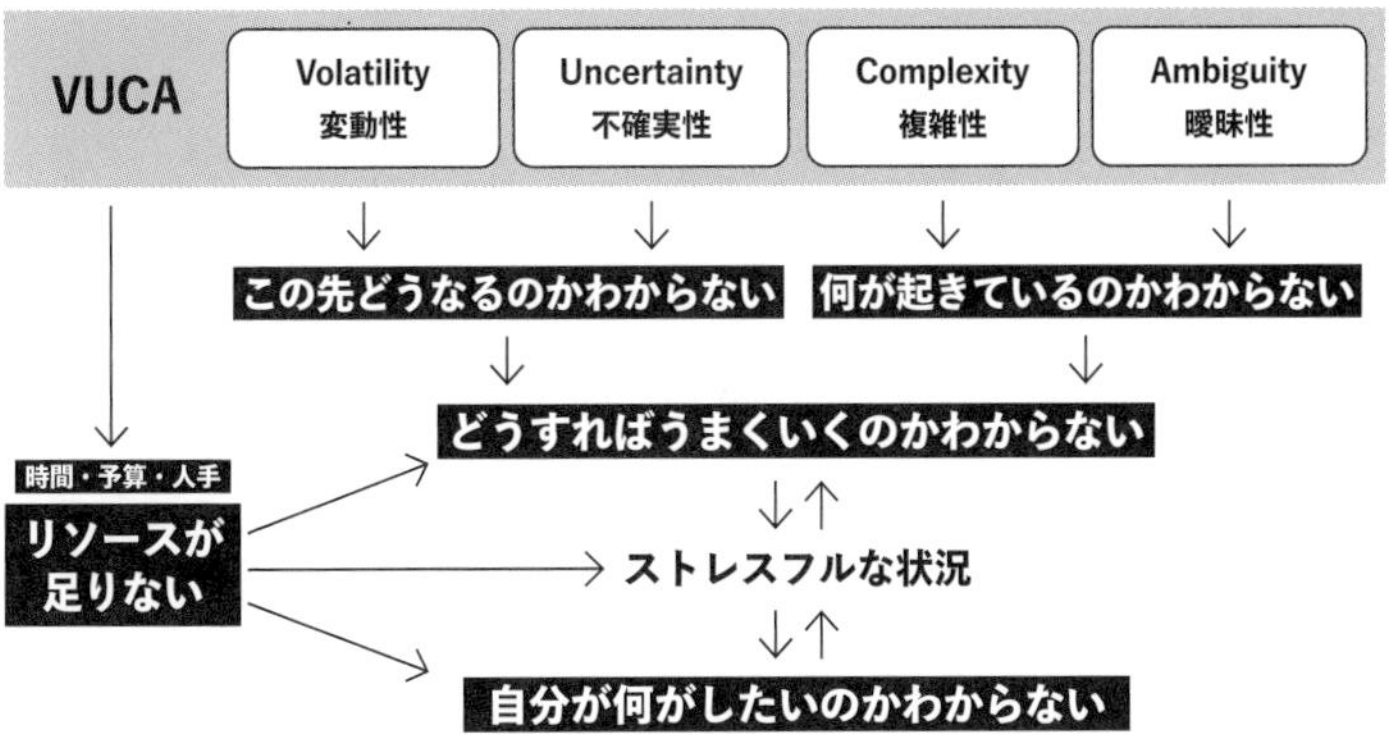

出典：舘野泰一、安斎勇樹『パラドックス思考』（ダイヤモンド社、2023）

蓋がなされ、ストレスの背後にある自分の本当の欲求に対して、鈍感になっていきます。

これがストレスフルな状況に対峙した際に、私たちが反射的に「犯人」を探し出して、目の前の「わからなさ」から「逃避」してしまう原因でもあります。

このような「わからなさ」による問題解決のハードモード設定が、前節で述べた「困難」に拍車をかけます。

前節の困難のマトリクスの上側から、不確実性の「わからなさ」がのしかかっているようなイメージを思い浮かべるとわかりやすいかもしれません。

たとえ脅威的なベンチャー企業が出現した

図表1-8：外部環境の不確実性がわからなさの連鎖を生み、困難を強化する

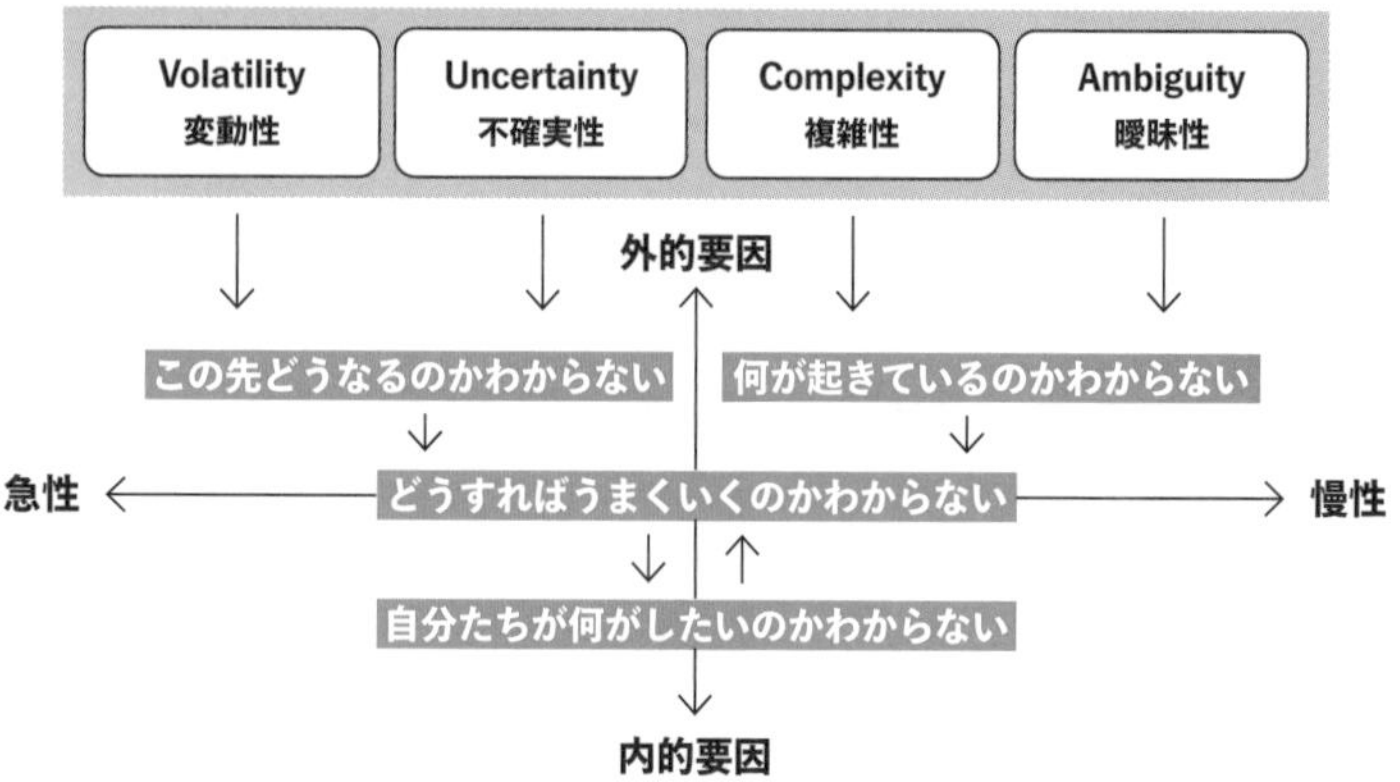

としても、急にエースメンバーが離脱したとしても、ゲームを「一時停止」して、有効な対処法をゆっくり考えてよいのであれば、対策はそう難しくないかもしれません。

対戦相手が脅威の一手を打ってきても、持ち時間を最大限に使って、定石に従ってその時に考えられる「最善の手」を返せばよいでしょう。

しかし厄介なことに「わからなさ」の渦に置かれると、私たちは冷静な判断力を失います。そもそも、あなたの「持ち時間」を、外部環境のステークホルダーは誰も待っていてはくれません。

あるかどうかもわからない〝最善の手〟を長考している間に、相手は二手も三手も連続で打ってきます。気づけば、盤面の戦況はさらに悪化し、さらには頼りだった「定石」そのものが、まったく別のロジックにアップデートされている。

やがて自分自身の感情に向き合えなくなったあなたは、この「無理ゲー」な状況に対して「なぜ自分はこんなゲームをやらされているのか」と、嘆くことでしょう。

次第に自分ではない「誰か」のせいにしたくなり、各々が「犯人」を探し始める。

自分の意志と感情に向き合えなくなったチームは、互いの関係性をさらに悪化させ、内的な「困難」をさらに増幅させていくのです。

これこそが、現代に渦巻く「困難」と「不確実性」の悪循環のメカニズムなのです。

第2章

困難を乗り越える
チームレジリエンス

チームレジリエンスとは何か？

そもそもレジリエンスとは何か？

ここからは本題に入り、チームレジリエンスとは一体何であるか、チームレジリエンスの高いチームと低いチームでは、何が違うのかについて整理します。

チームレジリエンスは、「チーム」の「レジリエンス」のことです。そのため、チームレジリエンスの詳細な定義について扱う前に、まずはレジリエンスとは何かについて確認しましょう。

レジリエンスは、1970年頃から主に心理学の分野で扱われてきた言葉です。この言葉の語源はラテン語の「resilire」＝「跳ね返る」に由来します。[12] 困難からの回復が、この言葉の中核にあるのです。

レジリエンス研究は、幼少期のトラウマや逆境体験を乗り越える子供の持つ強さに着目した研究からスタートしました。そこから、個人の持つ特性や能力だけでなく、困難から立ち直るプロセスを理解するものへと発展していきます[13]。

それゆえに、レジリエンスの定義は非常に多義的です。実際のところ、レジリエンスという言葉には、統一的な定義がないのです。

図表2―1に示すように、レジリエンスに

12 Mukherjee, S., & Kumar, U. (2016). Psychological resilience: A conceptual review of theory and research. The Routledge international handbook of psychosocial resilience, 3-12.

13 村木良孝、(2016). レジリエンスの統合的理解に向けて：概念的定義と保護因子に着目して. 東京大学大学院教育学研究科紀要, 55, 281-290.

図表2-1：能力・プロセスとしてのレジリエンス

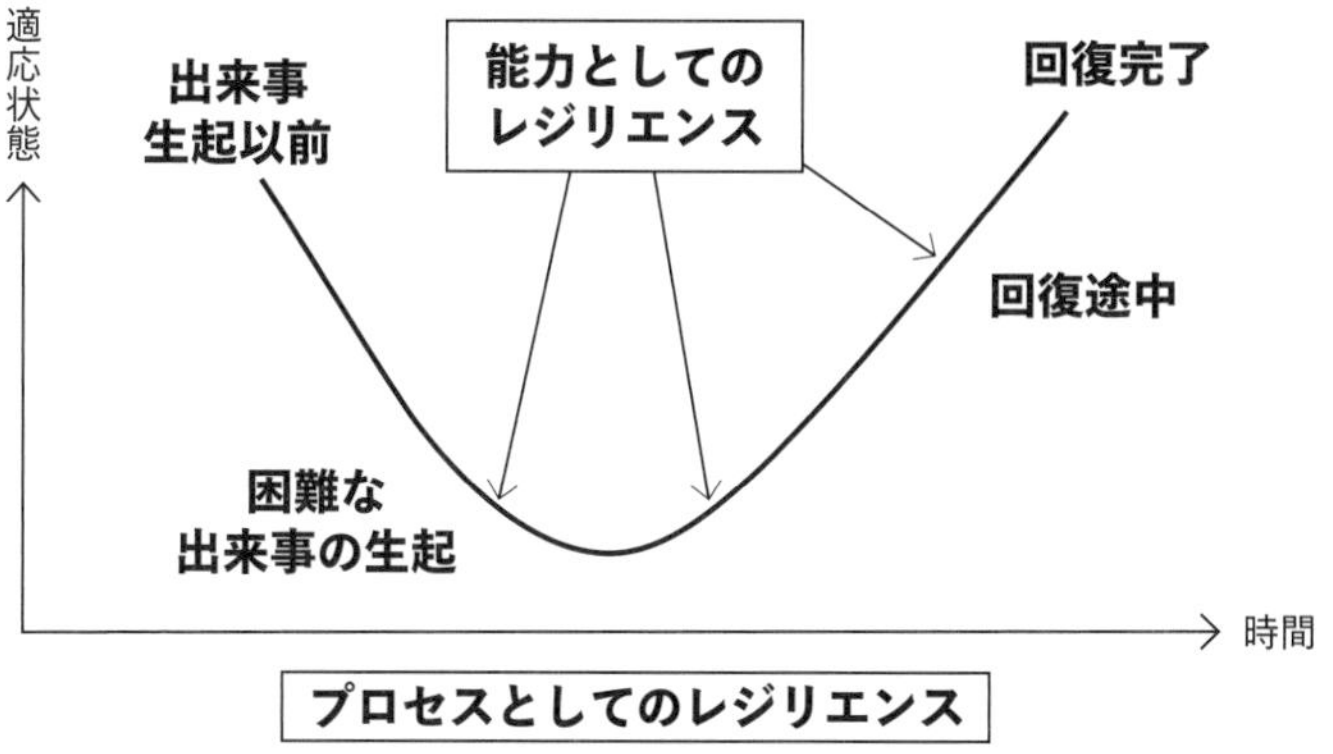

出典：『臨床精神医学 41巻 2号』（アークメディア、2012）「質問紙によるレジリエンスの測定――妥当性の観点から」小塩真司をもとに筆者が作成

は主に2つの捉え方があります。[14] 1つ目は、レジリエンスを困難な状況からの回復に役立つ「**能力**（個人の場合は、特性も含む）」とする立場です。2つ目は、困難な状況から回復する「**プロセス**」とする立場です。

・能力としてのレジリエンス：困難からの回復に必要な能力や特性
・プロセスとしてのレジリエンス：困難な出来事から、回復する一連の過程

レジリエンス研究は「能力」「プロセス」2つの立場に分かれて研究が進められてきました。

しかしながら、能力とプロセスは、密接に関連します。[15] 図に示したように、回復のプロセスがうまく機能するためには、能力は不可欠です。また、回復のプロセスを経ることで、能力が強化されることもあります。

「艱難汝《かんなんなんじ》を玉にす」という諺もあるように、古くから困難や逆境は人々を強くすると考えられてきました。

激務な毎日にキャパオーバーになりながらも、それを乗り越えることで、より多くの仕事を素早く正確にこなせるようになった経験のある人や、プロジェクトリーダーの仕事を担うことで、プレッシャーに負けそうになりながらも、事業とチームをまとめていく力を身につけた経験を持つ人も少なくないのではないでしょうか？

このように、能力としてのレジリエンスと、プロセスとしてのレジリエンスは切っても切れない関係にあるゆえに、本書においてはレジリエンスを「能力やプロセス」として捉えることにします。

本書におけるレジリエンス
＝危機的な「困難」に直面した際に、立ち直り、回復するための能力やプロセス

レジリエンスは「回復」に留まらず、「成長」も内包する

先に示したように、レジリエンスという概念の中核は「回復」にありますが、「回復」は単に困難によるダメージから元通りに復旧することを意味するのではありません。

14 15 小塩真司（2012）3章2節 レジリエンスの理論と測定．近藤卓（編著）．PTG心的外傷後成長．金子書房

困難に遭遇する前よりもさらに発展することも「回復」の範疇に含まれています。

例えば、フィッシャーらの研究[16]では困難な状況に対する反応として、４つのパターンを提示しています。

【レジリエンスの４つのパターン】

１　挫折：精神的に折れてしまい、仕事に取り組めなくなってしまった状態

２　負傷：再び仕事には取り組めるが、精神的・機能的に支障が残った状態

３　回復：以前の精神的・機能的なレベルまで戻ることができた状態

４　成長：以前よりも精神的・機能的に高いレベルまで成長できた状態

そして、フィッシャーらはこのうちパタ

図表2-2：レジリエンスのパターン

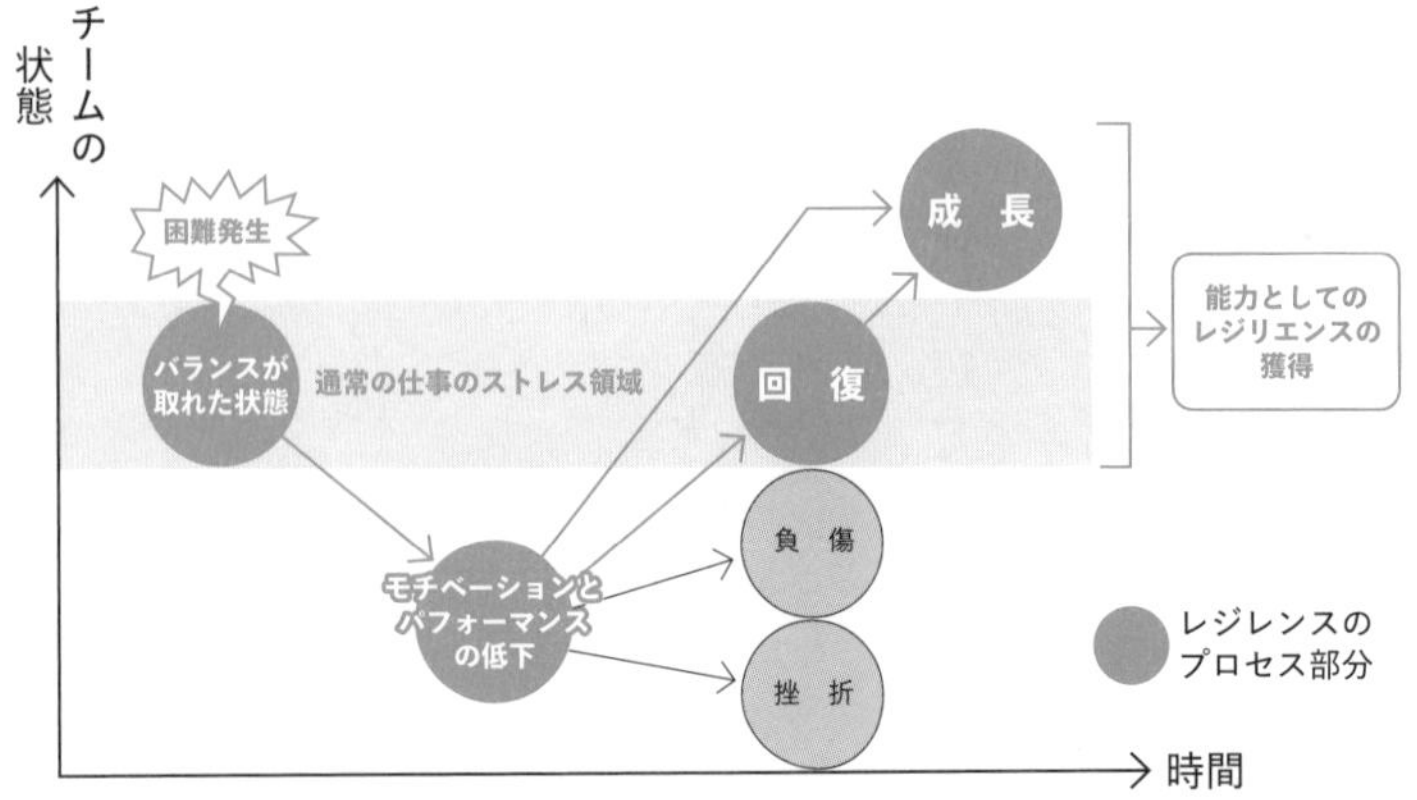

出典：Hoegl, M., & Hartmann, S. (2021)[17]. Bouncing back, if not beyond: Challenges for research on resilience. Asian Business & Management, 20(4), 456-464. をもとに筆者が作成

ーン3と4のパターンを、レジリエンスが発揮された状態として位置付けています。

例えば、新型コロナウイルスの影響で売上が下がった営業チームを例にすると、以前の売上水準に戻ること（パターン3）だけではなく、それを超える売上を達成すること（パターン4）も「レジリエンス」に含まれます。つまり、**レジリエンスは単なる回復だけでなく、困難を契機とした成長も含む概念**なのです。

チームレジリエンスの定義

チームレジリエンスについても、今まで解説してきた「レジリエンス」研究同様に、明確な定義は存在しません。本書の執筆にあたって、チームレジリエンスに関するたくさんの海外研究論文を参照しましたが、その定義は、「リスクや逆境がある中で、ポジティブな適応を達成する結果とプロセス[18]」「危機や困難を乗り越えるためにチームが持つ能力[19]」

16 Fisher, D. M., Ragsdale, J. M., & Fisher, E. C. (2019). The importance of definitional and temporal issues in the study of resilience. Applied psychology, 68(4), 583-620.
17 Hoegl, M., & Hartmann, S. (2021). Bouncing back, if not beyond: Challenges for research on resilience. Asian Business & Management, 20(4), 456-464.
18 Bennett, J. B., Aden, C. A., Broome, K., Mitchell, K., & Rigdon, W. D. 2010. Team resilience for young restaurant workers: Research-to-practice adaptation and assessment. Journal of Occupational Health Psychology, 15 : 223 – 236.
19 Rodriguez-Sanchez, A. M., & Perea, M. V. 2015. The secret of organization success: A revision on organizational and team resilience. International Journal of Emergency Services, 4 : 27 – 36.

など、さまざまでした。

チームレジリエンスの捉え方にも、「チームの力」として捉える立場と、「チームが回復するプロセス」とする立場があるのです。そして、これらはまったく別のものではなく、チームが困難を乗り越えることで、チームが成長することもあります。

以上を踏まえて、本書ではチームレジリエンスを以下のように定義します。

チームレジリエンス
＝チームが「困難」から回復したり、成長したりするための能力やプロセス

チームレジリエンス以外のレジリエンス

本書で扱うのは、チームレジリエンスですが、直面する困難の種類によっては、組織や個人のレジリエンスなど、チーム以外のレジリエンスが大切になる場合もあります。

そこで、チームレジリエンスの理解を深めるために、ビジネスにおいて必要となる、他のレジリエンスと、チームレジリエンスの違いについても見ていきましょう。

図表2―3[20]に示したように、経営学の分野ではチームレジリエンス以外にも「**組織レジリエンス**」や「**個人レジリエンス**」について、研究が進められています。[21]

まず、組織レジリエンスとは、組織を脅かすような出来事から、組織のパフォーマンスを回復させること、および、それに必要な力のことを指します。

20 下記の研究をもとに筆者が作成。Gucciardi, D. F., Crane, M., Ntoumanis, N., Parker, S. K., Thøgersen – Ntoumani, C., Ducker, K. J., ... & Temby, P. (2018). The emergence of team resilience: A multilevel conceptual model of facilitating factors. Journal of Occupational and Organizational Psychology, 91(4), 729-768.
Stoverink, A. C., Kirkman, B. L., Mistry, S., & Rosen, B. (2020). Bouncing back together: Toward a theoretical model of work team resilience. Academy of Management Review, 45(2), 395-422.

21 Raetze, S., Duchek, S., Maynard, M. T., & Kirkman, B. L. (2021). Resilience in organizations: An integrative multilevel review and editorial introduction. Group & Organization Management, 46(4), 607-656.

図表2-3：個人、チーム、組織レジリエンスの違い

	個人レジリエンス	チームレジリエンス	組織レジリエンス
焦点	個人の認知と行動を通じた対処	相互作用と相互連携を通じた対処	資源の貯蓄と分配、戦略を通じた対処
意思決定	個人の意思	ボトムアップとトップダウン	トップダウン

例えば、倒産の危機が起きた時に、持ち直すための方針の決定や資源配分をトップが検討し、企業を再編することで危機を乗り越えるのは、組織レジリエンスが発揮された事例と言えるでしょう。部署などを超えた、組織という大きなものの回復を促すための方法の模索であるため、リーダーの立てる戦略や資源の配分などが重要になってきます。

次に、個人レジリエンスは、困難や挫折など精神的にショックを受けるような経験から、個人が回復することおよび、それに必要な力のことを指します。

例えば、自分の希望していない部署で働くことが決まったと言うような、キャリア上の困難を乗り越えるのは、個人レジリエンスが発揮された事例といえます。

多くの場合は、個人の問題解決行動と、物事の考え方により、回復に向かいます。

そして、チームレジリエンスとは、先に示したようにチームがチームを脅かすような困難から回復、または成長するための能力やプロセスのことです。

組織や個人と比較したチームの特徴は、メンバー間の仕事が密接に関連している点です。それゆえに、困難からの解決にはメンバー同士の目線合わせやメンバーが大切になります。また、メンバー間での役割分担や連携の仕方も回復に大きく影響します。

例えば、重要機能のバグをリリース直前に発見したソフトウェア開発チームが、プログラマー、テスター、デザイナーで緊急会議を設け、解決すべき課題と役割分担を決定し、迅速に解決したのは、チームレジリエンスが発揮された事例といえます。

これらの**3つのレジリエンスは、相互に関係しています。**

例えば、企業が倒産の危機に直面した際に、営業チームが売り上げを向上させ、一役買うといったケースが挙げられます。これは組織レジリエンスを発揮する上で、チームレジリエンスが役立ったという例です。また、レジリエンスの高い個人がチームの直面する困難を自分ごとと思えば、その困難を乗り越えるためにコミットし、結果としてチームレジリエンスが発揮されることもあるかもしれません。

一方で、必ずしも、個人のレジリエンスが高ければ**チームのレジリエンスを発揮できたり、チームのレジリエンスが高ければ組織のレジリエンスを発揮できると言うわけではありません。**

次のページからは、下記3つのチームレジリエンスによくある誤解について解説します。

①個人レジリエンスが高いチームはチームレジリエンスも高い

②回復に向けて行うことは個人の場合でもチームの場合でも同じだ
③できる社員が多い組織なら、チームレジリエンスは必要ない

【チームレジリエンスに関する誤解①】
個人レジリエンスが高いチームはチームレジリエンスも高い

個人レジリエンスが高ければ、チームレジリエンスも高いだろうと言うのは、よくある誤解の1つです。

リーダーのレジリエンスやメンバー一人ひとりのレジリエンスが高ければ、問題に直面しても乗り越えることができるため、チームメンバーとの相互作用の仕方などといった、チーム独自のレジリエンスについて考える必要はないと認識してしまう人が多いのです。

しかしながら、個々のレジリエンスが高いことは、必ずしもチームレジリエンスが高いことと、イコール関係にはありません。

確かに、個々のレジリエンスが高くチームの問題を解決するように動くことができれば、チームは回復できるかもしれません。また、チームで困難に挑む際は、チームメンバーの負荷も高いため、個々人のレジリエンスも重要なのは確かです。

一方で、チームレジリエンス研究で著名なストブリンクらはチームの困難状況の解決を個々のレジリエンスに任せてしまうことは、次の3つの点で危険だと指摘します[22]。

1つ目は、レジリエンスの高い個人は、困難に遭遇すると、焦点をチームから個人に移す傾向があり、**チームよりも自身を守るような行動に出る可能性が高くなる**ことです。個人レジリエンスの高い人は、自身の生存と成功のために必要なことを行いますが、その選択肢の中にはチームを放棄する可能性も含まれているのです。お先真っ暗なチームにいる人が、自分の身を守るために他のチームへの異動願いを出したり、転職活動を行ったりするのは、この最たる例でしょう。

2つ目は、解決対応が特定の個人に固定化されることです。個人が問題を対処することを重視すると、解決の難しいチームの課題も、誰か一人が解決することになります。それが何度か続くと、**解決に向けて動く人が固定化されてくるこ**

22　Stoverink, A. C., Kirkman, B. L., Mistry, S., & Rosen, B. (2020). Bouncing back together: Toward a theoretical model of work team resilience. Academy of Management Review, 45(2), 395-422.

とが問題となります。

特に、優秀なリーダーほど「周りに任せるよりも、自分がやったほうが早い」と考える傾向にあり、結果として「孤軍奮闘」するスパイラルに陥りやすいのです。

このようにして〝強いリーダー〟だったはずの人が、無理をし過ぎて気づけば心身に不調をきたしてダウンしてしまうケースは、少なくないでしょう。

3つ目は、**他者の知恵を使わないこと**です。

「三人寄れば文殊の知恵」という言葉もあるように、一人の力では解決できない困難も、メンバーの個々の専門性を生かすことができれば、良いアイデアが出て解決できる可能性があります。

以上のように、個人レジリエンスはチームが困難から回復する上では、良い面も悪い面もあり、個人レジリエンスに頼るだけではチームは回復に至らないのです。

そのため、チームで困難を乗り越えるためには、メンバーの個人レジリエンスを高めるだけでは不十分で、チームで困難を乗り越えるための方法について学ぶ必要があります。

【チームレジリエンスに関する誤解②】
回復に向けて行うことは個人の場合でもチームの場合でも同じ

困難から回復するにあたって行うことは、個人の場合もチームの場合も変わらないと言うのも、よくある誤解の1つです。

個人が挫折に直面した際は、困難状況を解決するためにさまざまな手段を行ったり、辛い状況を緩和するためにストレス発散したりするかと思います。

こうした方法は、チームが困難から回復していく上でも役立ちます。

しかしながら、チームで困難を乗り越える上では、**メンバーによって困難の解釈が違うという、チームや組織ならではの難題を乗り越えなくてはなりません。**この点において、個人レジリエンスとチームレジリエンスは大きく異なります。

そもそも、チームに降り注ぐ「困難」は、不確実性の靄《もや》がかかった状態であり、人によって解釈の仕方が異なることも少なくありません。

言い換えれば、あなたが不確実性の靄《もや》の中にうっすらと見出した「困難」の向こう側には、あなたの同僚がいて、その「困難」を別の角度から捉えているということです。

2020年春、新型コロナウイルス感染拡大の「第1波」の頃を例に考えてみましょう。この時、一定数の企業が「リモートワーク」の導入を開始し、まだ制度や設備が十分に整っていない中で、未知なるウイルスの脅威から身を守るべく、在宅勤務を試行し始めました。

ちょうどこの頃、筆者らの所属するMIMIGURIのもとには多くの企業から組織変革の相談が寄せられました。未曾有のウイルスによって事業基盤が揺らぎ、慣れないリモートワークで組織基盤が揺らいだことで「なんとか、変革をしなければ」と考える企業が増えたのです。

いざ話を聞いてみると、「新型コロナウイルス感染拡大」という「困難」に対して、組織の多様なステークホルダーたちが、実に多様な解釈をしていたことがわかりました。

経営層は「収益が不安定になっている。思い切って事業方針を転換すべきか。それとも事態の終息まで耐えるべきか。これから世界はどうなっていくのだろうか」と頭を抱えている。コロナを「外的要因」に基づく「困難」として捉えながら、それが「急性的」なものとして急いで対処すべきか、長らく続く「慢性的」なものとしてじっくり向き合うべきかを考えあぐねている様子です。

ところが人事部門は「働いている姿が見えない中で、人材の働きぶりをどのように評価をすればよいのか」と悩んでいるようです。しかし同時にこれは今にはじまった問題ではなく、コロナ禍によって炙り出された潜在的な課題であることも理解しているようで、この機会にテコ入れをしようと模索しているようです。いわば「内的要因」に基づく「慢性的な困難」として捉えているようです。

他方、現場のマネジャーは「チームの雑談がすっかり減ってしまった。オンラインで飲み会を開いても、参加率も低いし、全然盛り上がらない。ミーティングもお通夜のようだ。早くなんとかしなければ」と焦っています。コロナによるチーム不全を「内的」に発生した「急性的な困難」として解釈していることがわかります。

図表2-4：困難の向こう側には、困難を別の角度で捉えるメンバーがいる

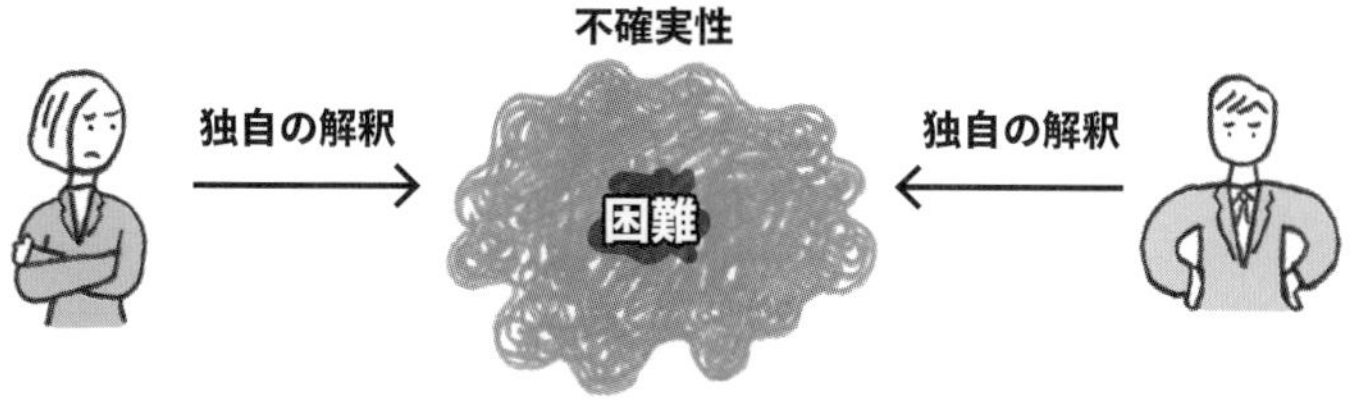

このように、同じウイルスから派生した問題だとは思えないほど、それぞれがそれぞれの視点から、「新型コロナウイルス感染拡大」という状況に対して「困難」を感じ、自分たちを脅かすストレス要因となっていたのです。

上記は、組織における例でしたがチームにおいても同様のことは生じがちです。その人のバックグラウンドや役割によって、困難に対する解釈は違うでしょう。

「群盲象を評す」というインドに伝わる寓話があります。6人の盲人が手でゾウの一部を触り感想を語り合うも、(足を触った人は)「柱のようです」、(鼻を触った人は)「棒のようです」、(耳を触った人は)「扇のようです」と、それぞれが違った内容になり、各々の意見はゾウの一部分のみしか捉えきれなかったというものです。

この話は、個人が一部分からの情報をすべてだと思い込んでいては、真実や全体像を捉えきれないという教訓を与えてくれます。

個々の立場に立ったときに見えている景色は、完全ではないことを前提に、**他の人が見ている景色も見つめなければ全体像は見えてこない**のです。

このようにメンバーによって困難の解釈が違うという難題を乗り越える必要があると言う理由で、チームレジリエンスを発揮する方法は個人レジリエンスの発揮の方法と異なります。

【チームレジリエンスに関する誤解③】
できる社員が多い組織なら、チームレジリエンスは必要ない

最後に、できる社員を集めれば、職場に困難も生じないので、チームレジリエンスは必要ないという誤解です。こちらも正しくはありません。

確かに、仕事の分業が進み、個々がやるべきことが明確で、それをこなせばよかった一昔前まではこの考えは誤解ではなかったかもしれません。

しかしながら、ここ数十年で働く主体は「個人」から「チーム」へと変化しています[23]。技術の進歩により、単純な作業はＡＩや機械に移行し、人間は新しいアイデアを生み出す仕事に集中するようになりました。

23 Alliger, G. M., Cerasoli, C. P., Tannenbaum, S. I., & Vessey, W. B. (2015). Team resilience. Organizational Dynamics, 44(3), 176-184.

その結果として、働き方は「個人で定型業務を行うスタイル」から、「**チームで複雑な課題に取り組むスタイル」へと変化したのです。**

株式会社ラーニングエージェンシーが２０２１年に行った調査によると、[24] 10年前に一般社員に期待されていたこととして、「チームで協力して成果を上げる」ことを選択する人は29・9%だったのに対して、現在期待されていることとして、「チームで協力して成果を上げる」ことを選択する人は、74・0%に及びました。

また、10年前に一般社員に期待されていたこととして「非定型・プロジェクト型業務の遂行」を挙げた人は12・0%なのに対して、現在期待されていることとして、非定型業務をあげる人は、63・5%にも及んでいます。

図表2-5：一般社員に期待されていることの10年間の変化

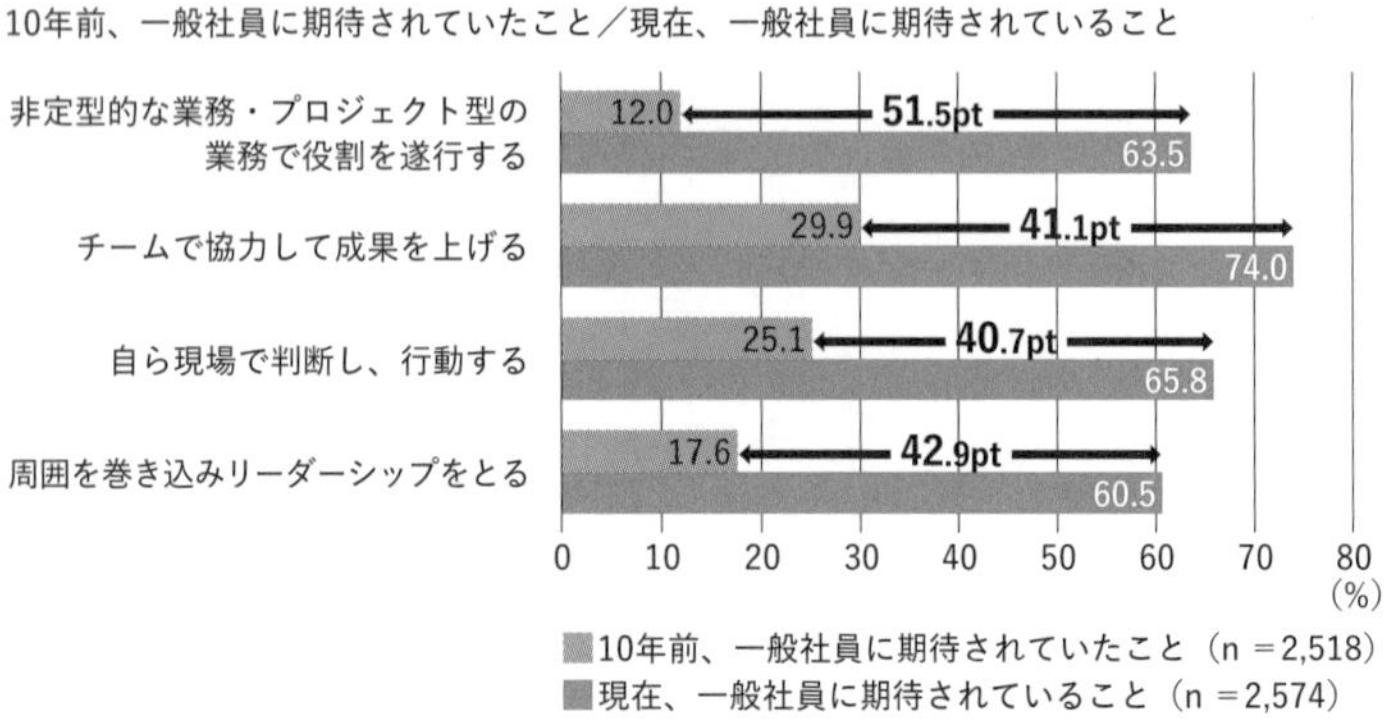

出典：株式会社ラーニングエージェンシー

つまり、現代社会においては、非定型的で複雑な業務にチームで取り組む機会が増えているのです。

このような時代においては、できる個人を育てるだけでは十分でなく、**強いチーム・職場をつくることが組織の成果を高める上で重要**になってきています。

チームで複雑な課題を達成する上では、難題や挫折もつきものですが、そうした苦境を乗り越えられるチームが求められているのです。そして、**こうしたチームを生み出すことが、組織パフォーマンスを向上させる鍵となっている**のです。

すでに説明したように組織を脅かす困難については組織レジリエンスが重要となりますが、現実的にはチーム単位の支えがなくては成り立ちません。仕事の現場で困難に対応するのはチームであるからです。

2024年1月2日の新年早々に起きた日本航空516便衝突炎上事故は、前日の元旦に起こった能登半島地震とともに、お正月を過ごす人々にショックを与えました。

日本航空機においては、炎上する機体から乗員乗客が全員脱出するという奇跡が起こり、

24　株式会社ラーニングエージェンシー（2021）組織・チームのあり方の変化に関する意識調査（https://www.learningagency.co.jp/topics/20220208）

国内外から賛辞とねぎらいの声が贈られました。

海上保安庁の航空機との衝突からわずか18分の内に乗員乗客379名を脱出させた対応は、CA（客室乗務員）チームのレジリエンスの高さが成せた技でしょう。

その危機的状況の大きさは組織の枠を超えたものでしたが、CAチームの現場での対応力が危機的状況の連鎖を最小限にとどめたと言えます。

短い間にたくさんの人の安全を確保するには、個人の能力だけでなく、チームとして危機に直面した際の動き方を事前に共有し、有機的に実行していくような、チームの力が必要です。

個々人がバラバラに行動するのでもなく、組織全体の対応を待って被害が拡大するのをただ見ているのでもなく、チームの持つ力を最大限引き出したことが、この絶望的な状況を救う要因になったと考えられます。

以上のように、チームで複雑なことに挑戦をする機会が増加している時代においては、チームとして困難を乗り越える力が、組織全体の成果を大きく左右するために、チームレジリエンスは重要なのです。

3つのステップでチームレジリエンスを発揮する

では、チームが困難に直面した際にどのようにすれば、チームレジリエンスを発揮することができるのでしょうか？

チームレジリエンス研究において、レジリエンスの高いチームは困難に直面した際に、下記の3つのステップを踏むと言われています[25]。

【チームレジリエンスの3つステップ】
ステップ1：課題を定めて対処する
ステップ2：困難から学ぶ
ステップ3：被害を最小化する

25　Alliger et al.(2015)の一部を改変
Alliger, G. M., Cerasoli, C. P., Tannenbaum, S. I., & Vessey, W. B. (2015). Team resilience. Organizational Dynamics, 44(3), 176-184.

ステップ１：課題を定めて対処する

危機や困難が生じても、状況を改善するための方法や道筋がわからないままでは対処することができません。そのため、困難を乗り越えられるチームは、今起きている「問題」を整理して、解決すべき課題を定義します。

また、解決すべき課題が明確になっても、日々の忙しさから後回しになってしまうことは少なくありません。ゆえに、レジリエンスの高いチームは、期限や担当、進め方を決めて課題解決を推進します。

さらに、チームがいつもの業務に加えて困難な課題にも挑まなくてはいけない時は、個々のメンバーに負荷がかかる時でもあります。個々のメンバーにストレスが溜まってくると、心身ともに疲れてしまいます。メンバー間でイライラが伝染してさらに空気

図表2-6：チームレジリエンスの３つのステップ

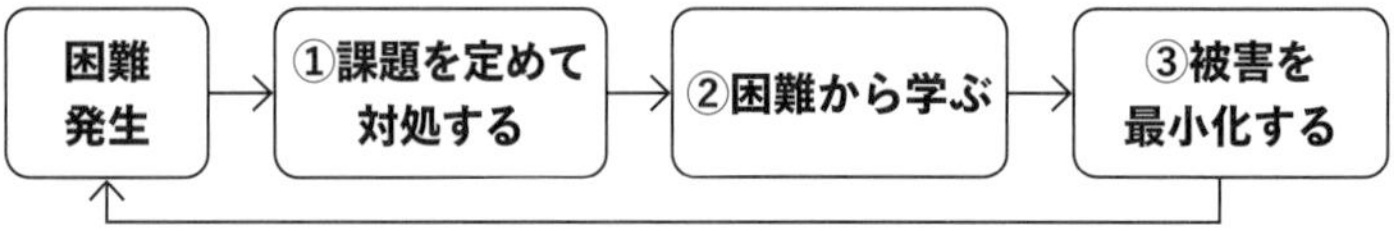

が悪くなることもあるでしょう。そうすると、健康的に仕事をすることができず、パフォーマンスも下がってしまいます。そのため、レジリエンスの高いチームでは、ストレスをケアし、明るい雰囲気を保つ工夫がなされます。

反対に、レジリエンスの低いチームでは、チームで何かがうまくいっていなくても、その原因が何か分析して、解決できる課題へと落とし込むことをしません。また、もし課題が明確化してもいつ誰がやるかを決めずに課題を放置します。さらに、チームメンバーの気持ちのことは考えず、メンバーの間に不安やイライラが充満していることも少なくありません。

ステップ２：困難から学ぶ

「困難」を解決できると、人々はストレスから解放され、安心してしまいます。しかしそのまま油断していると、忘れたころに同じ「困難」に再び遭遇する可能性もあります。

締め切りを守るために、〝一夜漬け〟でなんとか乗り切ると、その瞬間は「次の締め切りに向けて、計画的に企画書を書こう」などと考えますが、実際にはまた〝一夜漬け〟を繰り返してしまうものです。

その瞬間だけ意欲に満ち溢れても、同じ困難を防ぎ、スムーズに解決できるように再現可能な「教訓」を得ておかなければ、学習しないまま同じ過ちを繰り返し続けるのです。

そのため、レジリエンスの高いチームは、困難を乗り越えたあとも油断せず、その過程をじっくり振り返り、再現可能な教訓を言語化して、チームを成長させます。


反対に、レジリエンスの低いチームでは困難を解決した後、「なぜその困難を解決することができたのか」「どうすればより良く困難を乗り越えられたか」について振り返りません。あるいは、振り返りをしたとしても、誰かのせいにしたり、誰かが謝罪してすませたりして、困難な経験から教訓を得ません。そのため、再度似たような困難に遭遇した際に、スムーズに乗り越えられないことも少なくないのです。

ステップ3：被害を最小化する

そもそも、困難には遭遇しないに越したことはありません。特にダメージの大きい困難であれば、課題を設定し、解決に挑んだとしても回復に至れないことも多くあります。

定期的な健康診断が早期発見を助けてくれるように、困難による被害を最小化しようと

図表2-7：チームレジリエンスの高いチームと低いチーム

	チームレジリエンスの高いチーム	チームレジリエンスの低いチーム
1. 課題に落として対処する	・チーム内での共有が早い ・困難を課題に落とし込む ・期限と担当を決めて課題解決を進める ・メンバーのストレスをケアする	・個人が周りに知られないよう困難を抱え込む ・責任を問われるため、困難の原因を分析しない ・担当させられるのがいやで課題を放置する ・メンバー間で不安やイライラが充満
2. 困難から学ぶ	・困難を広く共有する ・困難を振り返り教訓を得る	・乗り越えた後は、いやなことを思い出したくないし、責任を問われてもいやなのでお互いに振り返らない ・振り返りをしたとしても、誰かのせいにしたり、誰かが謝罪してすませたりして、教訓を得られない
3. 被害を最小化する	・困難を早期に発見する ・事前に対策を練る	・見つけたら対応を任されるので、困難の種を見過ごす ・リスクがわかっていても何とかなると思って対策を練らない

する努力は、困難と不確実性に強いチームに不可欠な要素です。
そのため、チームレジリエンスの高いチームは、困難に直面した時に、それに対処しそこから学ぶだけでなく、困難が顕在化する前に、早期に困難の種を発見し、事前に対策を練ることで被害を最小化します。

反対に、レジリエンスの低いチームでは、困難の種に気がついても見て見ぬふりをして放置したり、チームが直面しそうな困難がわかっていたとしても、それに対して備えたりしません。そのため、実際に困難に遭遇した際には、被害を小さくすることができずレジリエンスの高いチームに比べて大きなダメージを受けてしまいます。

守りのチームは「ステップ3：最小化」優先、攻めのチームは「ステップ1：対処」優先

以上の3つのステップ「課題を定めて対処する」「困難から学ぶ」「被害を最小化する」は、すべて実行できるに越したことはありません。しかしながら、すべてを完璧に行えるチームは非常に稀です。その理由は、**業界や職種によって3つのステップの優先度が異なる**ためです。

例えば救急医療チームや宇宙飛行士チームなど、ちょっとしたリスクが文字通り「命取り」になるような領域においては、言うまでもなく、困難を回避し、「被害を最小化」することが最も重要です。

生活者の基盤を支えるインフラや、ＩＴ企業のサーバーを管理しているチームなど、大きなリスクを取ってリターンを得ることよりも、何かを〝守る〟ことが求められる業種・業務も同様でしょう。

万が一、大きな困難が発生してしまった場合には、全力で「対処」して、それが二度と起きないように「学習」する必要がありますが、そうならないようにすることが最優先です。

他方で、クリエイティブな発想が求められるメーカーの企画部門チームや新規事業開発チームなどにおいては、リスクに慎重になりすぎることは、かえって競争力を弱め、それが命取りになります。

このような〝攻め〟の姿勢が求められるチームにおいては、ある程度の失敗は覚悟して積極的にリスクを取って、その分、困難が生じた際に「課題を定めて対処する」ことが重要となるでしょう。

つまり、〝守り〟**主体のチームは「被害の最小化」が求められ、〝攻め〟が主体のチームは「対処」が求められる**のです。

なお、〝守り〟のチームでも、困難の原因によっては被害を最小限に抑えるのが難しいことがあります。

組織の不祥事に関する研究では、不祥事の原因を「客観的」なものと「関係的」なもの（例えばコミュニケーションの問題など）に分類しています[26]。客観的な原因は事前に予防が可能ですが、関係的な原因は予測が難しく、そのため事後的に対応が行われます[27]。

この考え方は、困難に対処する際にも参考になります。「客観的」な原因に由来する困難の例には、チームメンバーがチェックを怠ったことによるミスがあり、「関係的」な要素にもとづく困難の例には、商品を予想外の方法で使用して事故を起こした顧客が、禁止事項に書かれていなかったとクレームを入れるケースがあります。後者のような場合は予測が難しいため、〝守り〟のチームでも例外的に「対処」にも重きを置く必要があるでしょう。

「ステップ2：学習」を怠らないことがチームレジリエンスの肝である

上述したような業界や職種の影響を除いても、そもそも「被害の最小化」と「対処」は依存関係にあり、レジリエンスを鍛えていく上でトレードオフの関係にあるといえます。

例えば、「被害の最小化」が得意なチームは、さまざまな困難を事前にシミュレーションし、リスクに対して慎重な意思決定を好みます。その分、致命的な失敗を経験することなくチームが前進できるため、困難への対処が鈍くなる傾向にあります。

あるいは逆に「対処」が突出しているチームの場合、困難を繰り返し解決した経験によって「どんな困難が起きても対処できる」「困難が起きてから考えれば良い」といったように、困難に対する自信が醸成されていきます。

困難の対処に自信を持つことはチームレジリエンスの観点からも望ましいことだといえ

26 中原翔．(2023)．社会問題化する組織不祥事：構築主義と調査可能性の行方．中央経済社
27 CULTIBASE—組織の不祥事はなぜ防げないのか？：膠着を解きほぐすアプローチ（https://www.cultibase.jp/videos/14548）

ますが、過度な自信を持ってしまうと、かえって「被害の最小化」が疎かになり、いつか致命的な困難が起きたときには対処しきれない可能性も孕んでいます。

以上のように「被害の最小化」と「対処」は概してトレードオフの関係になりやすく、どちらかが高いとどちらかが低くなる傾向にあります。そのため、チームの目標やあるべき姿の指針に合わせて、意識的に弱点を補強できるとよいでしょう。

対して、**どんな業種、どんな方針であっても「困難から学ぶ」ことは重要**です。チームが困難や失敗から学ばなくなると、どんなに優秀で成果をあげていたチームも、次第にレジリエンスが枯渇し、いつか必ず衰退します。

困難を乗り越えたあとは、油断してそこから学ぶことを忘れてしまいがちですが、困難からの学習は次に同じような被害を出さないために不可欠です。

つまり、3つのステップのすべてを完璧にこなせる必要はありませんが、「学習」だけは衰えさせてはいけない、ということをチームの共通認識にすることが大切です。

チームレジリエンスには土台となる「チーム基礎力」が不可欠

このように、「課題を定めて対処する」「困難から学ぶ」「被害を最小化する」という3つのステップを遂行することにより、チームレジリエンスは発揮されます。

しかし、悲しいことにどんなチームも3つのステップを行うことができるかというと、そういうわけではありません。

スポーツの試合で活躍するには、基礎体力が大切なのと同じように、チームレジリエンスのステップを踏み、**困難を乗り越えるためには、チームの基礎体力をある程度整えておく必要がある**のです。

海外のさまざまな研究によれば、チームが困難を乗り越えるためには、以下5つのチーム基礎力を備える必要があると言われています[28]。

28　チームの能力としてのレジリエンスのことを指します。いくつかの研究では、困難を乗り越えられるチームがもつ特徴が明らかにされています。例えば、Stoverink et al.(2020) は、チームの効力感、チームワークのメンタルモデル、即興能力、心理的安全性の4つを、その特徴として挙げています。また、Sharma et al.(2020) は、集団的な効力感、ソーシャルキャピタル、グループ構造、改善を重要視する態度だと指摘します。こうした研究をもとにしつつ、日本のビジネスチームの文脈を考慮して本書では先の5つをチーム基礎力としました。
Stoverink, A. C., Kirkman, B. L., Mistry, S., & Rosen, B. (2020). Bouncing back together: Toward a theoretical model of work team resilience. Academy of Management Review, 45(2), 395-422.

【チーム基礎力】

1．チームの一体感
2．心理的安全性
3．適度な自信
4．状況に適応する力
5．ポジティブな風土

1．チームの一体感

チームの一体感が高い状態とは、メンバーがチームの目標に向かって、1つにまとまっている状態を意味します。[29]

メンバーがそもそもチームの目標を理解していなかったり、多くのメンバーが目標達成を他人事だと思っていたり、「チーム」とは名ばかりの、単なる「個の寄せ集め」の集団になってしまっていることは意外にも多くあります。

このような状態では、複数の人が集っていても「チーム」とは言えません。たとえメンバーそれぞれが優秀な「個人」だったとしても、チームとしての高いパフォーマンスは期待できないでしょう。それゆえに、一体感がない状況では、チームが一丸となって困難を乗り越えるために行動することができません。

2. 心理的安全性

心理的安全性とは、このチームであれば対人関係におけるリスクを負っても安全であるという信念がチームで共有されていることを指します[30]。

近年、その重要性が指摘される心理的安全性は、チームで困難を乗り越える上でも欠かせません。例えば、被害を最小化するためには、チームに生まれつつある「困難の兆し」や「緊急性が低い問題」について、遠慮なく指摘しあえる風土が必要です。日々の業務の過程で発見した「放置すると、ちょっとまずいかも」というミスや改善点を、大事に発展する前に共有できることでリスクが最小化するからです。

さらに、より良い乗り越え方を忌憚なく意見できる雰囲気があると、困難に対処したり、困難から学んだりするのもスムーズになります。

29 Sharma, S., & Sharma, S. K. (2016). Team resilience: Scale development and validation. Vision, 20(1), 37-53.
30 Edmondson, A. (1999). Psychological safety and learning behavior in work teams. Administrative science quarterly, 44(2), 350-383.

3. 適度な自信

チームレジリエンス研究では、チームの自信が重要だと言われています。個人が「できる」と思うものではなく、「このチームならやれる」と感じるものです。

ここで難しいのが、自信がまったくないチームも過度に自信があるチームも、困難を乗り越えにくいとされているところです[31]。

自信が低すぎるチームは、困難に直面した際に「どうせ無理だ」と思ってしまいます。その結果、粘り強く立ち向かうことができません。

他方で、自信過剰なチームは、困難を甘く見て備えないがゆえに、大きな問題を未然に防げません。これまでの実績による過信や、困難が起こらなかったという経験から、自分たちに困難が訪れることを予期していないがために、いとも簡単に混乱が訪れます。

このように「適度な自信」の範疇でなければ自信は諸刃の刃となり、チームレジリエンスには寄与しないのです。

4. 状況に適応する力

困難に直面すると、リーダーはその対処に追われます。そのためメンバーから指示をあおぐような相談が来ても、すぐには対応できないでしょう。チームが困難に直面した時はいつも通りのコミュニケーションが取りにくいと、研究においても指摘されています[32]。

そのため困難が生じていつもとは違う状況になったとしても、その場に適応し、メンバー一人ひとりが自発的に行動する力である、「状況適応力」が大切になってきます。

5. ポジティブな風土

ラグビーのイングランド代表のレジリエンスについて検討した研究では、チームが困難を乗り越える上で、ポジティブな風土を保つことの有効性が示されています[33]。

31 Stoverink, A. C., Kirkman, B. L., Mistry, S., & Rosen, B. (2020). Bouncing back together: Toward a theoretical model of work team resilience. Academy of Management Review, 45(2), 395-422.
32 Stoverink et al. (2020) BOUNCING BACK TOGETHER: TOWARD A THEORETICAL MODEL OF WORK TEAM RESILIENCE
33 Morgan, P. B. C., Fletcher, D., & Sarkar, M. (2015). Understanding team resilience in the world's best athletes: A case study of a rugby union World Cup winning team. Psychology of Sport and Exercise, 16(Part 1), 91–100. https://doi.org/10.1016/j.psychsport.2014.08.007

困難に直面した際には、うまく対処できるかわからないといった不安がチームに蔓延することがありますが、ポジティブな雰囲気があれば、それに伴うストレスを和らげ、前向きに頑張ろうという気持ちを育むことができるからです。

これら5つの力は、チームレジリエンスの3つのステップを進める上で基盤となる要素です。

チームの一体感、心理的安全性、適度な自信は、3つのステップのうち、どれを進める上でも基盤となります。状況に適応する力は、課題を定めて対処する際に、ポジティブな風土は、課題定めて対処するときと、困難から学ぶときに、特に大切になります。

チーム基礎力の高め方

チームレジリエンスの3つのステップを遂行する上で、5つのチーム基礎力があまりに足りないような場合は、チームで困難を乗り越えようとする前に、足りない力を高める工夫が必要かもしれません。

本書ではチームレジリエンスがテーマのため、チーム基礎力を高める方法については他書に譲り、詳しくは扱いませんが、5つのチーム基礎力を身につけるには、次のようなことが大切になります。

チームの一体感の高め方

チームの一体感を高めるためには、**「チームの目標を〝ストーリー〟として腹落ちさせる」「メンバー間で〝個性〟や〝感情〟を共有する」といった工夫が有効**です。

1つ目の「**チームの目標を〝ストーリー〟として腹落ちさせる**」については、メンバーに同じ方向を見させることが目的となります。

多くの場合、チームには「今期中に粗利をいくら達成する」「いつまでに何を完成させる」などといった

図表2-8：チームレジリエンスの3つのステップとチーム基礎力

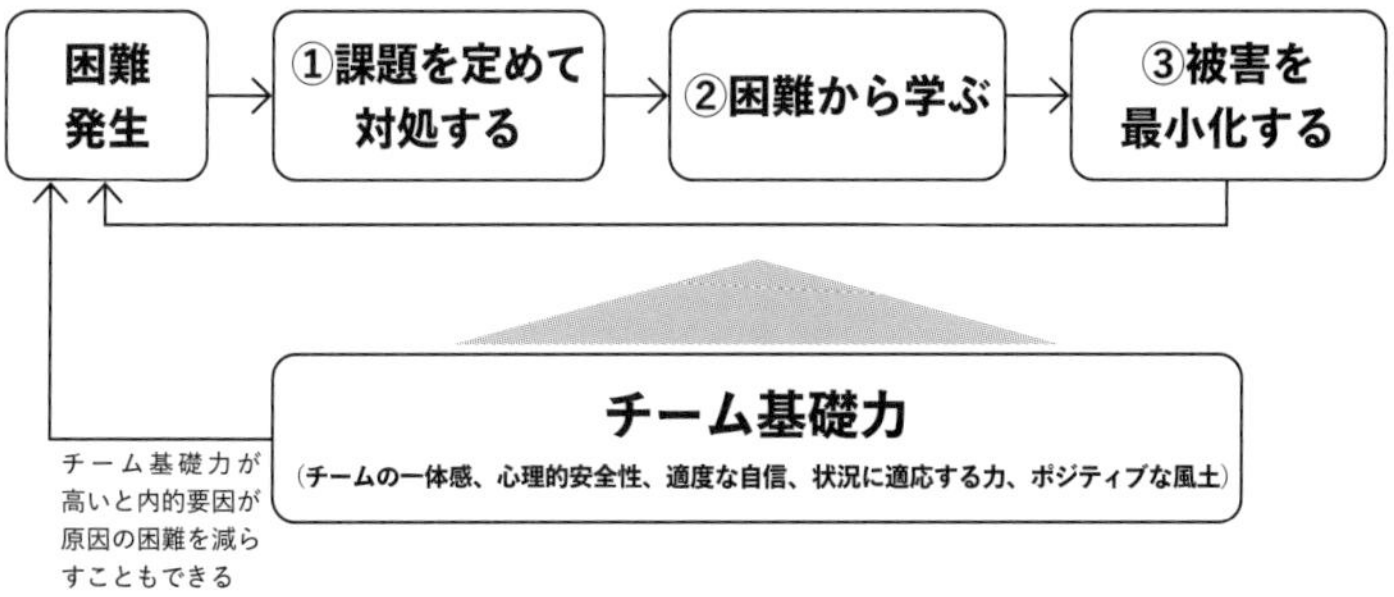
困難発生
①課題を定めて対処する
②困難から学ぶ
③被害を最小化する
チーム基礎力
（チームの一体感、心理的安全性、適度な自信、状況に適応する力、ポジティブな風土）
チーム基礎力が高いと内的要因が原因の困難を減らすこともできる

「到達すべき目標」が設定されます。
しかし「何が目標なのか（Ｗｈａｔ）」だけを示しても、人は動機付けされません。これらの目標が「何のために（Ｗｈｙ）」存在していて、そこに向かって「どのように（Ｈｏｗ）」進むのかが明確でないと、人は目標の「意味」を心から納得することができません。そして、目標に納得しなければ、当然一体感も生まれません。

そのため、チームの一体感を高める上では、チーム全員で話し合って、心から納得できる「ストーリー」を自分たちで構築することが理想です。どこに向かって、どのように進むのか。なぜそれを自分たちがやるのか。目標を「点」ではなく「線」としてつなげて理解することで、初めてチームメンバーは目標にコミットする意味を見出せるのです。

全員でストーリーを作るのが難しければ、リーダーやマネジャーが目標を丁寧に作り込んで、ストーリーテリングをする時間を十分に確保しましょう。その際に、メンバー一人ひとりの関心に合わせて「自分がやる意味」を感じられるように説明することが大切です。

チームの一体感を高めるもうひとつの工夫は、**メンバー間で「個性」や「感情」を共有すること**です。

「個性」とは、その人の「強み」と「弱み」を指しています。良いチームとは、お互いの「強み」を頼りに、それぞれの「弱み」をフォローしあえるチームです。何が得意で、何が苦手なのか。それぞれの〝凸凹〟を補完しあうように役割分担し、目標達成に向けて連携することが、チームの一体感につながります。

もしお互いの個性の理解が浅ければ、この機会にカジュアルな交流の場を設けて、お互いの個性を理解する機会を作るとよいでしょう。

個性に加えて、それぞれの「感情」を共有する習慣があると、さらに一体感が高まります。業務を進める上で、いま一人ひとりが「どんな気持ち」なのかを、積極的に開示しあうのです。「楽しい」「嬉しい」といった前向きな感情だけでなく「しんどい」「不安だ」「ドキドキする」などネガティブな感情も含めて共有することが重要です。

チームメンバーがいまどんな景色で仕事をしているのかが把握できると、お互いにフォローや連携がしやすくなるだけでなく、「一緒に仕事をしている」感覚が高まります。手軽にできる方法としては、ミーティングの冒頭でお互いの「今の感情」を述べ合う時間を設けると良いでしょう。

例えば、株式会社サイバーエージェントの曽山哲人氏（常務執行役員CHO）によれば、同社では「個性」や「感情」を共有のために下記の2つのような工夫をしています[34]。

・「個性」の共有のための工夫：カジュアルなランチの場を設けてたり、「弱み」の共有を促すためにリーダーが率先して自己開示し、話しやすい場を作ったりする

・「感情」の共有ための工夫：コミュニケーションツールに気持ちを表すスタンプを導入したり、イベントや表彰などの感情が昂りやすい行事の後にはオフラインで話す機会を設けたりする

心理的安全性の高め方

心理的安全性を高める上では、「リーダーが〝身近な存在〟であろうとすること」「メンバーに〝ネガティブな意見〟も求める」ことが大切です。

チームの心理的安全性を高めるには、まずは**リーダーがメンバーにとって〝身近な存在〟であろうとする必要があります。**

当然ですが、権力を振りかざし、自分と違う意見の人を罰したり、冷遇したりするよう

なリーダーの前では、チームが直すべき点の指摘はできません。
また、チームのメンバーはリーダーが思っている以上に、リーダーのことを恐れていることも少なくありません。

そのため、メンバーとの雑談の機会を増やす、相談によく乗るようにする、自分自身のマネジメントの成長課題や反省点を自己開示するなどし、身近な存在であろうと努力することが大切です。

次に、**メンバーに〝ネガティブな意見〟を求める**ことも大切です。
これは、他責的な愚痴を奨励するわけではありません。チームやプロジェクトの成功を脅かす懸念や不安、改善点を指摘することを奨励し、声をだした者を称賛するということです。

チームの内部の問題を批判するのは勇気がいることです。結果として、リーダーのマネジメントを批判したとみなされ、リーダーの逆鱗に触れたり、自分の評価を下げたりしな

34　同社の取り組みの詳しい内容は、筆者らが運営する『CULTIBASE』の以下の動画コンテンツで視聴可能です。CULTIBASE 一失敗に強い『折れないチーム』の作り方：チームレジリエンスが育つ関係性構築の実践知（https://www.cultibase.jp/events/12310）

いかと、メンバーは常に不安です。黙っていた方が得だと、言い出せずにいることもあるかもしれません。

そのため、リーダーが積極的にネガティブな意見を「必要としている」ことを表明し、実際に声を挙げた者を褒め称え、「チームの問題や改善点を指摘することを当たり前にしてしまう」ことが大切です。定例の会議の中で気になる点を指摘できる時間を設け、メンバーに話を振ると、必然的に意見が言えるようになるでしょう。

適度な自信の高め方

困難に直面しているチームが自信を持つのは難しいかもしれませんが、自分たちも成功できると信じる「効力感」[35]は、**自分たちと似た他のチームの成功例を見聞きすることで育てることが可能**です。

例えば、なかなか良いアイデアが出ずに困っている新規事業開発チームであれば、過去に同じような苦難を乗り越えた新規開発チームの話を聞くことで、希望が湧いてくるかもしれません。

自信が高すぎるチームは、事前に問題を見つけ出し、対策を怠らないことが大切です。

もちろん、同じチームでも自信が高いか低いかは、その対象によって異なるかもしれません。チームの売り上げを回復することには自信満々だけれども、リーダーと若手メンバーの関係修復については諦めているチームもいるでしょう。

そうした場合は、自信がないことについては他のチームの成功談などを聞き、自信を高め、自信過剰なことについては潜在的な問題がないか検討し、対策を練ることが有効です。

状況に適応する力の高め方

当たり前ですが、普段から指示待ちのメンバーは、いざという時も指示がなければ動き出すことができません。そのため、状況適応力を高めるためには、**日頃からメンバーが主体的に動けるように工夫することが大切**です。例えば、自分で判断しながら進めていく仕事にアサインすることで、メンバーの状況適応力は育っていくでしょう。

35　バンデューラ（1997）「激動社会の中の自己効力」金子書房

経験やスキルがまだ足りない人に、このような仕事を任せるのは不安というマネジャーもいるかもしれません。その場合は、まずは失敗したとしてもダメージが少ない仕事を任せましょう。あるいは、要所要所でリーダーがチェックし、大きな失敗は防ぐようにするのも有益かもしれません。

また、「個々が自発的に動くようになったら、メンバーがバラバラの方向に動き出し、返ってうまくいかないのでは？」と不安に感じる人もいるかもしれません。

そうした場合は、意思決定をする際の判断基準の共有や曖昧なボールを誰が拾うかの共通理解を促すことが大切です。日頃から、リーダーはチームが達成したい目標や優先すべき事項を常に明確に伝え、曖昧なタスクを誰が引き受けるかはっきりさせておきましょう。そうすると、メンバーはいざという時に状況に適応しながらも、チーム全体のパフォーマンスを向上させることができるはずです。

ポジティブな風土の高め方

ポジティブな風土をつくるうえでは、課題との乖離ではなく進歩に焦点を当てることや、前向きな声かけとユーモアを忘れないことが大切です。

理想に届いていないと感じると、ネガティブな気持ちが生まれ、メンバーのモチベーションも低下する傾向にあります。これを阻止するのには、自分たちができていないことでなく、以前より**進歩した部分に注目することが有効**です。

ポジティブな雰囲気づくりには、**前向きな声かけとユーモアも欠かせません。**先に紹介した研究において、ラグビーのイングランド代表チームは強いプレッシャーを和らげる上でユーモアを頻繁に用いていたといわれています[36]。同様にビジネスのチームにおいても、困難下で不安な時にこそ、逆境を笑いに変えるといった工夫が有効かもしれません。

36　Morgan, P. B. C., Fletcher, D., & Sarkar, M. (2015). Understanding team resilience in the world's best athletes: A case study of a rugby union World Cup winning team. Psychology of Sport and Exercise, 16(Part 1), 91–100. https://doi.org/10.1016/j.psychsport.2014.08.007

第3章

レジリエントなチームは課題を定めて対処する

チームで困難を乗り越えるのはなぜ難しいのか？

困難に対処できない3つの要因

2章では、レジリエンスの高いチームは、次の3つのステップにより、困難を乗り越えていることをご紹介しました。

ステップ1：課題を定めて対処する
ステップ2：困難から学ぶ
ステップ3：被害を最小化する

この章では、ステップ1の「課題を定めて対処する」方法について、具体的に解説します。

図表3-1：ステップ1 課題を定めて対処する

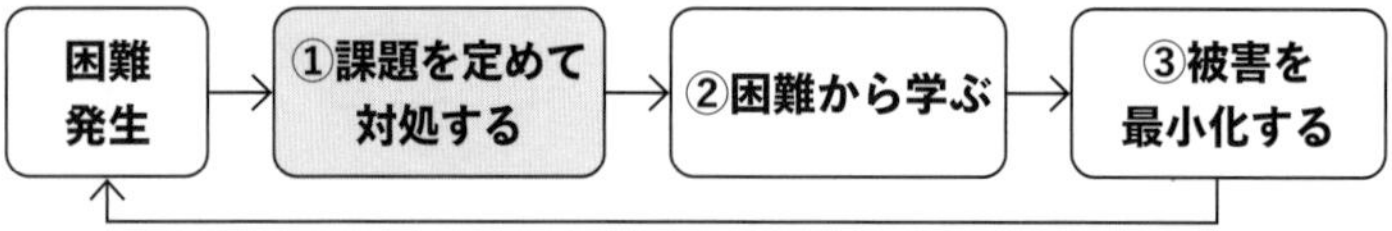

この本を手に取ったあなたは、チームでの困難な課題に直面し、対処の糸口を探しているかもしれません。
そもそも、チームで困難を乗り越えるのは、なぜ難しいのでしょうか？

「あまりに難しい状況に直面している」
「解決策が見つからない」
「チームメンバーの協力が得られない」
「十分な時間やリソースがない」

など、理由はたくさんあるかもしれません。
しかし、これらの根底には、３つの大きな要因があります。

要因１：困難を解決可能な課題に落とし込めていない
要因２：プロジェクトとして取り組むことができていない
要因３：チーム内でストレスが高まっている

要因1　困難を解決可能な課題に落とし込めていない

危機や困難に直面すると、すぐに対処したいという焦りから、考えなしに行動してしまうことも珍しくありません。しかし、その状況をどう改善すればいいのか、具体的な方法や進むべき道がわからなければ、問題を解決することはできません。

例えば、あるレストランがＳＮＳで顧客によって実際とは異なった認識における不満を投稿され、その内容が広く拡散されたときのことを想像してみましょう。

この問題に対処しようと、担当者は急いで顧客の言い分を否定する投稿を行いました。しかし、この反応が逆効果となり、最初の不満よりも遥かに大きなトラブルに発展してしまいました。

このように、困難をいち早く解決しようと課題設定なしに動いてしまっては、かえって逆効果になってしまうことがあります。困難に対処する際には、まず「問題」を整理し、どのような課題に取り組むべきかを明確に定義することが、非常に重要です。

また、２章でも説明したように、困難に対するメンバー間の解釈の違いは、問題解決をより難しくしています。
そのために、メンバー間で困難をどのように捉えているのか、お互いに見える景色を共有することも欠かせません。

要因2　プロジェクトとして取り組むことができていない

プロジェクトとは、期限のある特定の目的を持った業務のことです。要因1をクリアして困難な状況を整理し、取り組むべき課題を明確にできても、その期限や役割分担などを決めなければ、なかなか解決へと進みません。

営業チームの売り上げ回復に向けた課題は、個々の持つナレッジの共有であるとわかっていても、日々の忙しさから、結局は十分に共有が行われないといったケースも少なくありません。

そのため、チームで困難を解決していく際には、プロジェクト化して確実に遂行することが欠かせないのです。

要因3　チーム内でストレスが高まっている

最後に、チーム内でストレスが蔓延していることも、困難からの回復を妨げます。

チームが通常の業務に加えて困難な課題にも挑まなければならないときは、個々のメンバーに負荷がかかる時でもあります。

「業務がいつもより多くて大変だ」
「チームが存続の危機がかかっているから、プレッシャーが強い」
「問題が早く解決しないと大きな被害が出るかもしれない」

そんな時は、チームメンバーにストレスがたまりがちです。

個々のメンバーにストレスがたまってくると、心身ともに疲れてしまい健康的に高いパフォーマンスを発揮することができません。

そのため、チームが困難に直面しているときは、いつも以上にストレスケアを推進していく必要があります。

以上を踏まえると、「ステップ1：課題を定めて対処する」は、下記の3つに分解されます。

【課題を定めて対処する】
・困難を解決可能な課題に落とし込むこと
・プロジェクトとして取り組むこと
・チーム内のストレスケアをすること

次の節からは、これら3つを進めるための具体的な方法について解説します。

困難を解決可能な課題に具体化する

具体化のための5つのポイント

先に述べたように、危機や困難が生じると、一刻も早く対処したい焦燥感に駆られるものです。その気持ちもわかるのですが、状況を改善するための方法や道筋がわからないままでは、困難に対処できません。

そのため、レジリエンスの高いチームは以下の5つの取り組みにより、困難を整理して解決できる状態に落とし込みます。

【困難を解決可能な形に具体化するポイント】

①「問題」と「課題」を切り分ける
②チームの目標を「3階層」で整理する
③解決に必要なのは「専門性」か「チームの変化」か吟味する
④問題を「緩和課題」と「根治課題」に分解する

⑤目標そのものを変える

①「問題」と「課題」を切り分ける

実際に困難が発生し、対処に迫られている際に最初に考えておくべきことは、チームが本当に解決すべき「課題」を定義することです。

困難はチームの前提や目標を脅かすストレス要因となりますから、すぐに解決したいという気持ちに駆られるでしょう。

しかし焦ってはいけません。いまあなたが「早くなんとかしたい」と感じている困難は、チームに害をなす「問題」であるかもしれませんが、チームが力を合わせて立ち向かうべき「課題」であるとは限らないからです。

筆者（安斎）の前著『問いのデザイン：創造的対話のファシリテーション[37]』では、あえて「問題」と「課題」という2つの言葉を区別して、課題設定の方法について体系化しま

37　安斎勇樹・塩瀬隆之（2020）『問いのデザイン：創造的対話のファシリテーション』

した。本節では、チームレジリエンスの文脈に引きつけながら、「問題」と「課題」の違いについて整理しておきましょう。

まず「問題」とは、チームにとって達成したい目標がありながらも、到達の方法や道筋がわからない、試みてもうまくいかない状況のことを指します。

したがって、チームの目標を脅かす困難が発生している状況は、すなわち「問題」が起きていると言い換えることができるでしょう。

しかし困難が「問題」として認識されていても、チームとしてすぐに対処可能とは限りません。

例えば、とある人事管理システムのプロダクト開発チームの例を見てみましょう。

このチームでは先月、競合プロダクトが大胆なリニューアルを成功させたことで、ユーザーが競合に流れ始めていました。「このままではまずい」と危機感を覚え、これまで開発リソースが足らずに後回しにしていた機能改善に着手し、必死にユーザーの流出を食い止めようと試行錯誤をしていました。しかし思ったような成果が出ぬまま、ただただ残業時間が増え、次第に「競合に負けないぞ」という熱量も失われ、チーム全体が疲弊していました。

これは明らかに競合のアクションによって生まれた「急性的な外的困難」によって、次第に「慢性的な内的困難」が併発しつつある、ストレスフルな「問題」状況だといえます。

しかし、チームの誰もが「このままではまずい」とわかっていながらも、それを解決するために「このまま機能改善を続けるべき」なのか、「早く残業時間を減らすべき」なのか、「それとも別の手段を取るべき」なのか、方針が定まっていないため、具体的なアクションが実行されません。

何がチームとして向き合うべき問題の本質なのか。
競合の突然のリニューアルは、自分たちのビジョンを揺るがすものなのか。
流出しているユーザーは、何を求めているのか。

この問題に自分たちはすぐに対応すべきなのか。
それともじっくり向き合うべきなのか。
困難をあしらい、耐え凌ぐべきなのか。

これを機に今までとは違った方向性ややり方を試すべきなのか。

こうした問題の本質を見抜いて、「これならば解決できる！」と心から納得できる「取るべきアクション」について検討を重ねぬまま、漫然と「とりあえず、もっと頑張る」という選択肢をとっていたために、疲労感が余計に蔓延していたのです。

本書では、チームメンバーの間で「本当に解決すべきだ」と前向きに合意された問題のことを「課題」と呼ぶことにします。

したがってチームが最初にやるべきことは、**焦って「問題」に対処することではなく、「課題」を定義すること**なのです。

図表3-2：問題と課題

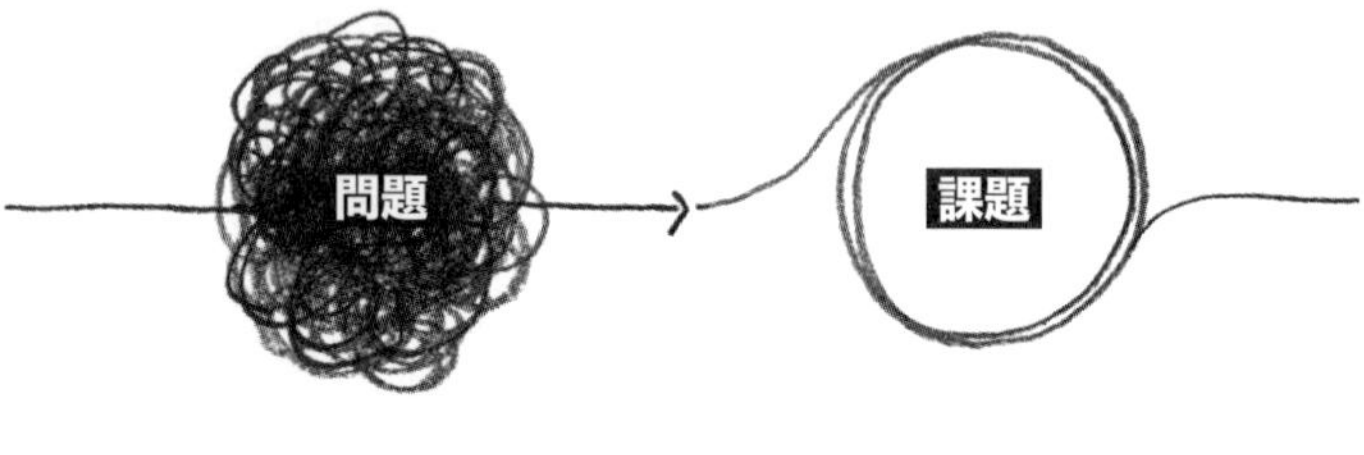
達成したい目標がありながらも
到達の方法や道筋がわからない
試みてもうまくいかない状況のこと

②チームの目標を「3階層」で整理する

チームにとっての困難が発生したら、問題の本質を分析して、何が立ち向かうべき「課題」なのかに落とし込む必要があります。

問題とは、チームの目標達成が脅かされている状態です。

そこで適切な「課題」を設定するには、チームにとっての「目標」について改めて見つめ直すことが有効です。

なぜならば、困難と不確実性の渦中にいるとき、チームには「わからなさ」が渦巻いていて、自分たちの目標をしっかりと理解しているようで、実は曖昧になっていることが少なくないからです。

図表3-3：プロセス目標、成果目標、ビジョン

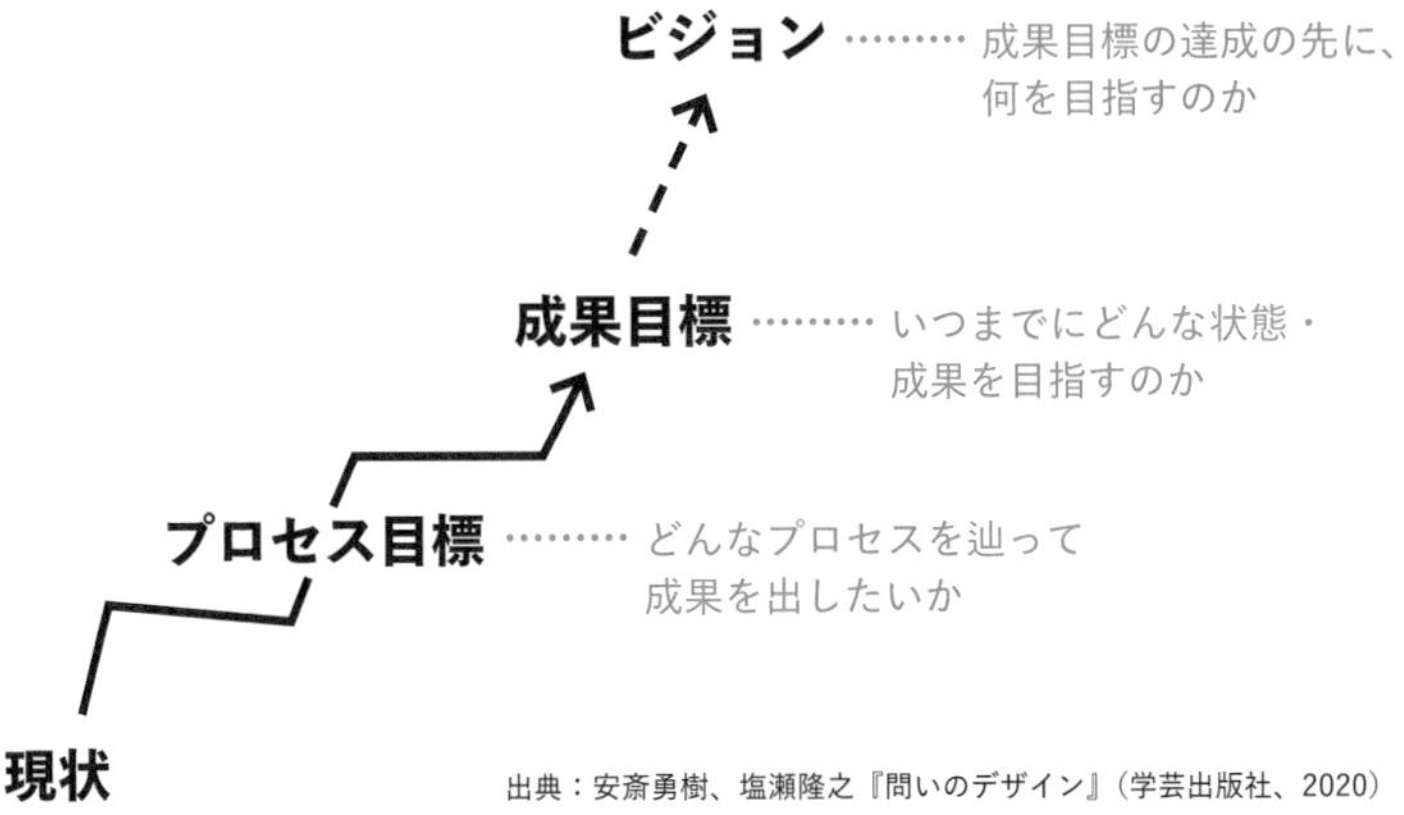
ビジョン
成果目標の達成の先に、
何を目指すのか
成果目標
いつまでにどんな状態・
成果を目指すのか
プロセス目標
どんなプロセスを辿って
成果を出したいか
現状

出典：安斎勇樹、塩瀬隆之『問いのデザイン』（学芸出版社、2020）

正しく**「課題」を設定するためには、目標を「成果目標」「プロセス目標」「ビジョン」の3階層で整理することが有効**です。

「成果目標」とは、チームが特定の期間において、生み出したい成果を定義したものです。例えば「半年後に会員数1万人を達成」「チームの残業時間を3カ月で25%減らす」などのように、その期間で目標が達成できたかどうか、誰にとっても評価が可能であるように具体的に設定されているものです。

いわば「登るべき山の頂」「目指すゴール」のことです。

「プロセス目標」とは、成果目標にたどり着くまでの最中に、どんな過程を辿りたいか、プロセスにおいて重視したいこだわりや状態を示したものです。

例えば同じ「半年後に会員数1万人を達成」という成果目標であっても、そのプロセスにおいて「なるべく退会者数を出さないようにする」のか、「退会者は気にせず、新規会員獲得に注力する」のかによって、目指すのは同じ山頂でも「登り方」が大きく異なります。

「ビジョン」とは、上述した「プロセス目標」「成果目標」の達成の先に、何を目指すのか、長期的な展望のことを指しています。

言い換えれば、「なぜ、そのプロセスと成果を目指すのか」という、目標の理由（Why）のようなものです。成果目標が「チームの残業時間を3カ月で25％減らす」だったとして、それを目指す理由が「生産性の高い最高のチームになるため」なのか、「一時的に疲労感を緩和するため」なのか、「労働基準法違反の指摘を免れるため」なのかによって、目標の意味合いやモチベーションは変わってきます。

チームが困難と不確実性の渦中にあるとき、この3つの目標がメンバー全員で合意できていることはごく稀です。

仮に「成果目標」が一致していたとしても、そこに至るまでの「プロセス目標」が人によって異なったり、「ビジョン」がまったく描けていないことがよくあります。

このように目標が〝線〟になっておらず〝点〟であると、チームがバラバラになってしまいます。適切な「課題」を設定する際には、必ずチームの「3つの目標」を整理して、自分たちは何を目指しているのかを言語化するとよいでしょう。

③解決に必要なのは「専門性」か「チームの変化」かを吟味する

建設的に対処可能な「課題」に設定する上で考えるべきことは、困難の解決に「何が必要か？」という問いです。

例えば新製品のマーケティング担当をするチームを例に考えてみましょう。

このチームの問題は、新製品の売上を伸ばすための新しいオンラインマーケティング戦略がうまくいかず、期待通りの結果が得られないことでした。

このようなチームの「困難」を乗り越えるべく、以下のように目標を整理しながら課題設定する場合を考えてみましょう。

- ビジョン：オンラインプレゼンスを強化し、より多くの顧客にリーチして売上を増やす
- 成果目標：次の3カ月で売上を10％増加させる
- プロセス目標：X（旧Twitter）を活用したプロモーションを強化し、ターゲット顧客に特化したコンテンツを週に2回配信する

目標が綺麗に整理されていますから、この成果目標そのものを「課題」として設定してもよさそうです。

しかしここで考えておくべきことは、この目標の達成に「何が必要か？」ということです。言い換えれば「なぜこの目標の達成が困難なのか」、その理由です。

もし、最新のX（旧Twitter）を使用したマーケティングのトレンドやツールがわからない場合は、書籍やインターネットで専門知識を調べたり、専門家を雇用したり、セミナーに参加することで効果的な手法を学ぶことが、課題の焦点になるはずです。

すなわち「知識や技術などの専門性」が必要な課題です。

他方で、仕事を先延ばしにしたり、具体的な目標に対する共通の理解が欠如しているために、チームとして良いアウトプットを出せないこともあるでしょう。

この場合は、「定期的なマーケティングミーティングを設定し、進捗と結果を共有することでチーム内の情報共有を強化する筋トレを継続する」ことや、「チーム全員がマーケティング戦略の目標と役割を理解し、それに基づいて行動するためのワークショップを実施する」こと自体が、課題の焦点になります。

すなわち、「チームの習慣やメンバーの態度そのものを変える」必要がある課題です。

このような判別は、チームにおける困難の対処においても鍵になります。

経営学者のロナルド・A・ハイフェッツは、組織における問題を、解決策が定義可能で、原因さえわかれば知識や技術によって解決可能な「**技術的課題**（**technical problem**）」と、問題の当事者たちが自分たちのものの見方や関係性を変えながら、状況に適応しなければ解決できない「**適応課題**（**adaptive challenge**）」の2つに整理しています。[38]

チームの内的かつ慢性的な困難さの要因を紐解くと、知識や技術で解決できる「技術的課題」は少なく、リーダーや一人ひとりの「ものの見方」が凝り固まっていたり、メンバー同士の「関係性」が固着化していることによって、チームが変

図表3-4：技術的課題と適応課題

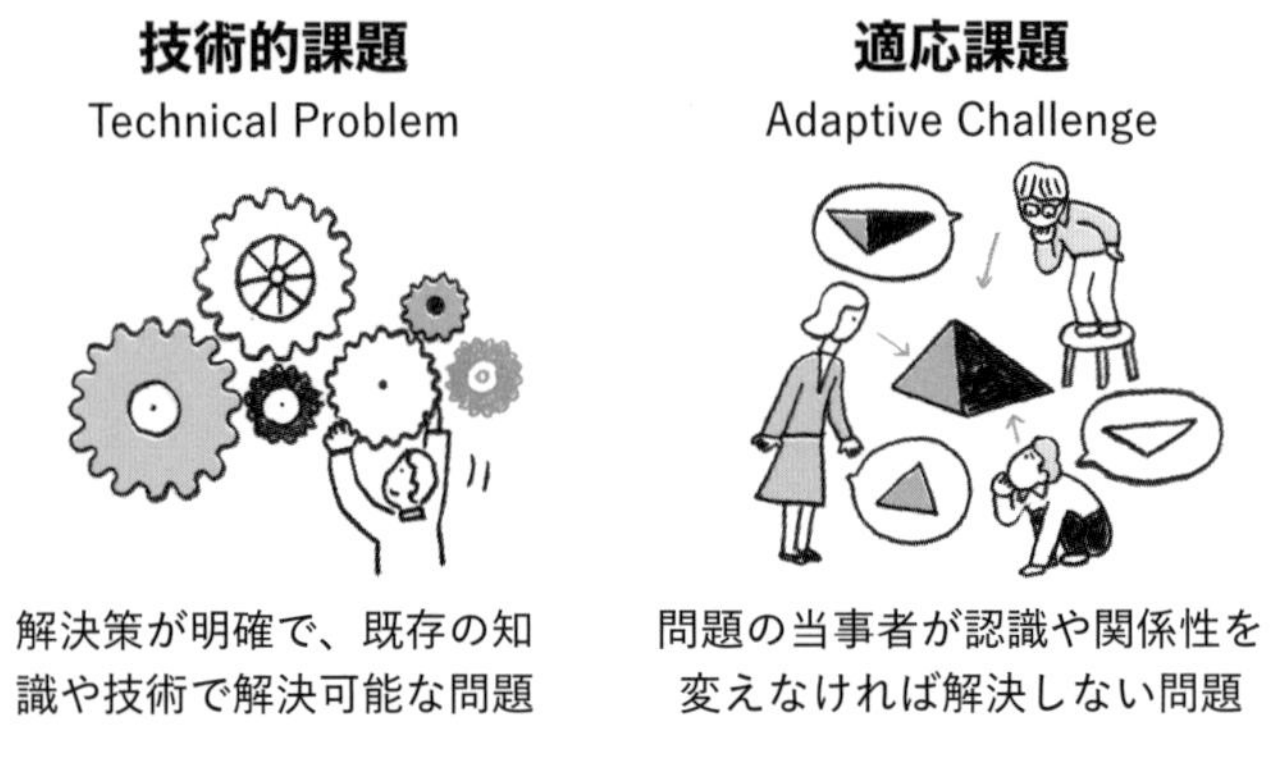
技術的課題
Technical Problem
解決策が明確で、既存の知識や技術で解決可能な問題
適応課題
Adaptive Challenge
問題の当事者が認識や関係性を変えなければ解決しない問題

われなくなってしまっている「適応課題」が多いように思います。

課題を設定する際には、困難の原因が「やり方がわからない」ことにあり、なんらかの「専門性」が必要なのか、あるいは原因が「ものの見方や関係性が固着化している」ことにあり、なんらかの「チームの変化」が必要なのかの見極めが必要でしょう。

④問題を「緩和課題」と「根治課題」に分解する

チームの目標を整理しながら、技術的課題か適応課題かを見極めていけば、問題の本質が見えてきて、本当に向き合うべき「課題」の姿がだんだんと見えてくるはずです。

しかし、現実に起きている問題の多くは技術的課題と適応課題が入り混じっていて、相互に絡み合っているために、構造が複雑なことがほとんどです。

例えば前述したマーケティングチームのケースでいえば、「X（旧Twitter）を使用した

38　ロナルド・A・ハイフェッツ、マーティ・リンスキー、アレクサンダー・グラショウ、水上雅人『最難関のリーダーシップ－変革をやり遂げる意志とスキル』（2017）英治出版．

最新のマーケティングのトレンドがわからない（技術的課題）」ことを言い訳にして、「チーム内で仕事が先延ばしされている（適応課題）」という状態です。

アクションが実行できないまま時間がすぎていき、「3カ月で売上を10％増加させる」という成果目標は徐々に非現実的なものになりつつあります。だんだんと「オンラインプレゼンスを強化し、より多くの顧客にリーチして売上を増やす」というビジョンへの熱量が薄れてきます。

こういう場合は、まずは問題を分解することで「緩和課題」と「根治課題」に振り分けてみると、課題がシンプルになります。

「緩和課題」とは、困難にすばやく一次対応することで、ストレスフルな状況を多少軽減し、大きなリスクにつながらないようにケアするための課題です。短くて数日、長くても1カ月間程度の期間でアプローチするイメージです。

「根治課題」とは、問題の本質を見抜いて、困難を根本的に解消するための課題設定です。困難の複雑さや性質にもよりますが、最低1カ月、長ければ数年かかることもあるでしょう。

問題解決の王道は、目先の一次対応よりも「根治課題」に向き合うことです。

しかしレジリエンスの観点からは、不確実でストレスフルな状況で「問題の本質に向き合う」ことは、それ自体がストレスを増長することも事実です。

そこで、まずは「緩和課題」を立てて、身動きがとれない現状から抜け出すことを優先してみましょう。この場合であれば、なかなかオンラインマーケティングの遂行に必要なアクションが実行できないことで日々募っていくストレスは、「いつまでも売上が上がらないまま、何も実践できていないことによる自己嫌悪」であるはずです。このストレスを緩和することに、初手を置くのです。

もちろんビジョンを達成するためには「最新のオンラインマーケティングのノウハウを身につける」ことが不可欠

図表3-5：緩和課題と根治課題

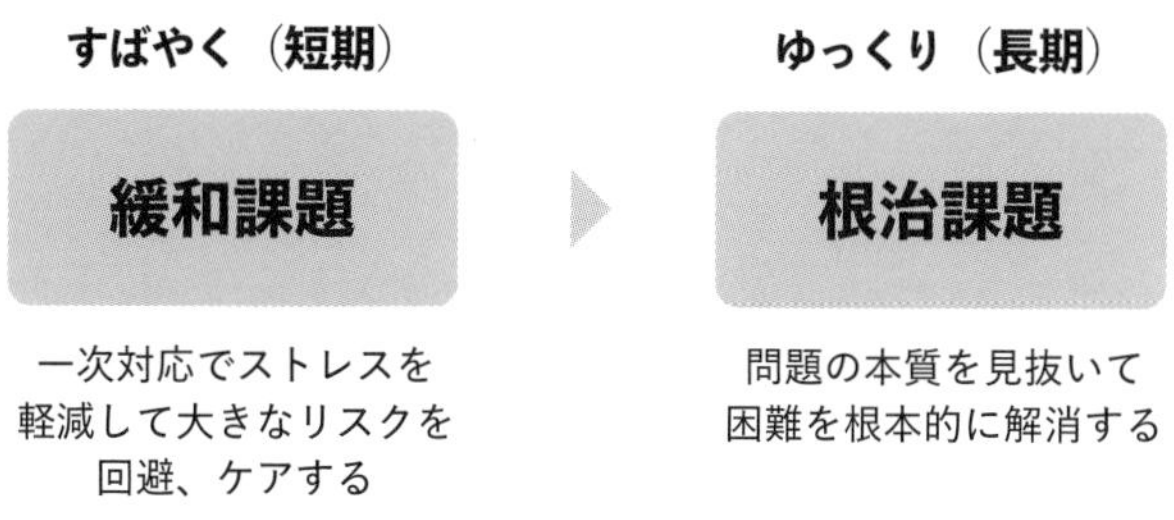
すばやく（短期）
緩和課題
一次対応でストレスを
軽減して大きなリスクを
回避、ケアする
ゆっくり（長期）
根治課題
問題の本質を見抜いて
困難を根本的に解消する

です。しかし、それでもまずは短期的に現状を抜け出す課題として「商品についての投稿を毎日行い、アクセス数を上げる」、「現在の厳しい作業が、将来にわたって役立つ新しいスキルを獲得する機会であると意味づける」を「緩和課題」として設定して、「オンラインマーケティングがうまくいかず、売り上げが上がらない日々」のストレスから抜け出すのです。

このように「緩和課題」に着手をしながら、ビジョンを実現し、成果目標を達成するための「根治課題」として、最新のオンラインマーケティングのノウハウを身につけることに関わる具体的な課題を設定すればいいのです。

思えば、私たちがこの数年間対峙してきた新型コロナウイルス感染拡大もまた、「根治課題」を構想しながらも、変わりゆく外部環境の不確実性のなかで何度も「移動の軽減」「密の回避」「ワクチンの普及」などさまざまな「緩和課題」を設定しながら〝やりくり〟してきたはずです。

大きな困難にレジリエントに対処するためには、ときに問題を細かく分解して、着手できるところからアクションしていくことも重要なのです。

⑤目標そのものを変えてみる

チームメンバーで対話を重ねても、うまく「根治課題」が設定できず、何をやっても一時しのぎ的な「緩和課題」しか立てられないときがあります。

その場合は、前提としている「ビジョン」や「成果目標」そのものを別のものに変更してみるアプローチも有効かもしれません。つまり、目標自体を疑ってみるのです。

困難が発生する以前に立てた目標は、現在も正しいとは限りません。

例えば、新型コロナウイルス感染拡大の脅威に対しても、私たちはこのようにアプローチしてきたはずです。

蔓延し始めた頃は、私たちはウイルスが登場する以前の目標に固執し、なんとかして対面で密なコミュニケーションと体験を取り戻そうと切望していました。それゆえに「ウイルスの収束」を夢見て、困難のストレスをうまくあしらいながら、目標の達成のチャンスを窺っていたはずです。

しかし、どうやら「当初の目標」が達成できそうにないことを察してからは、考え方をガラリと変えて、「いかにしてウイルスと共生するか」について考えるようになりました。

思いも寄らない困難によって、達成不可能になってしまった目標を潔く諦めて、目指す「ビジョン」そのものを変更したのです。

このように物事を捉える枠組み（フレーム）を変えて、まったく違う視点から考え直すことを「リフレーミング」と言います。チームメンバーが納得する課題を設定する上で、目標をリフレーミングすることが有効な場合があるのです。

近年、「計画的偶発性理論（Planned Happenstance Theory）」がキャリア研究において注目されています[39]。これは、個人のキャリアの大部分が〝偶然〟により決まることを説明する理論です。

学生の頃に思い描いたキャリアを歩めている人は、少ないのではないでしょうか。

「公務員になろうと法学部に入ったが、テレビ局でのアルバイトが面白くてテレビ業界に進んだ」

「民間企業に就職するつもりが、ＯＢに誘われてＮＰＯに就職した」

というように、個人のキャリアは、なんとなく始めたことや偶然の出逢いに大きく左右されます。「絶対にこうなりたい」という目標に向かうよりも、偶然の流れに身を任せてリフレーミングを行い軌道修正した方が、結果として満足のいくキャリアを築ける場合も少なくありません。

同様にチームが困難に遭遇したときも、元々の目標に固執するよりも、偶然や時の流れを活かして、**柔軟に目標を変えたほうがうまくいく場合もあるかもしれません。**

課題の整理から見えてくる 4つのレジリエンス戦略

これまで、困難を解決可能な課題として整理する方法についてまとめてきました。

課題が見えてくると、困難からの回復に至るための具体

39 Mitchell, K. E., Al Levin, S., & Krumboltz, J. D. (1999). Planned happenstance: Constructing unexpected career opportunities. Journal of counseling & Development, 77(2), 115-124.

図表3-6：困難に直面した時のレジリエンス戦略軸

的な戦略も見えてきます。

まずは、困難な状況に「すばやく」対応するのか、あるいは「ゆっくり」対応するのか、という時間感覚の整理ができます。

「すばやく」とは、短くて数日、長くても1カ月間程度を意味します。対して、「ゆっくり」とは、最低1カ月、長ければ数年を意味します。

そこに、機会を活かすのか、ストレスをあしらうのか、といった軸を加えることができるでしょう。

「機会を活かす」とは、54ページで紹介したレジリエンスのパターンのうち「成長」を目指すことを指します。

つまり、単に困難が生じる前と同じ程度に回復するのでなく、困難を機にさらに高いパフォーマンスを発揮することを目指す戦略です。

それに対して、「ストレスをあしらう」は54ページでいう「回復」を目指すことを指します。困難が生じる前と同じ状況に戻す戦略です。

「機会を活かす」は力が加わると一時的に変形し、そこから元に戻る過程で逆側に力を発揮する〝弾性〟を持った「バネ」のイメージです。

よく「逆境をバネにする」と言いますが、外側から与えられるプレッシャーに押し潰されずに、それをかえってより高く跳ねるためのエネルギーに転換することといえるでしょう。

また、「ストレスをあしらう」は「柳」のイメージです。

「柳に雪折なし」という諺があるように、たとえ強風が吹いても、たとえ大雪が積もっても、柳は枝が柔らかくよくしなることで、堅い木のように折れることがありません。

そのように困難な状況を「柔軟にやりすごす」性質が求められる場面も多いのではないでしょう

図表3-7：レジリエンス戦略4つのマトリクス

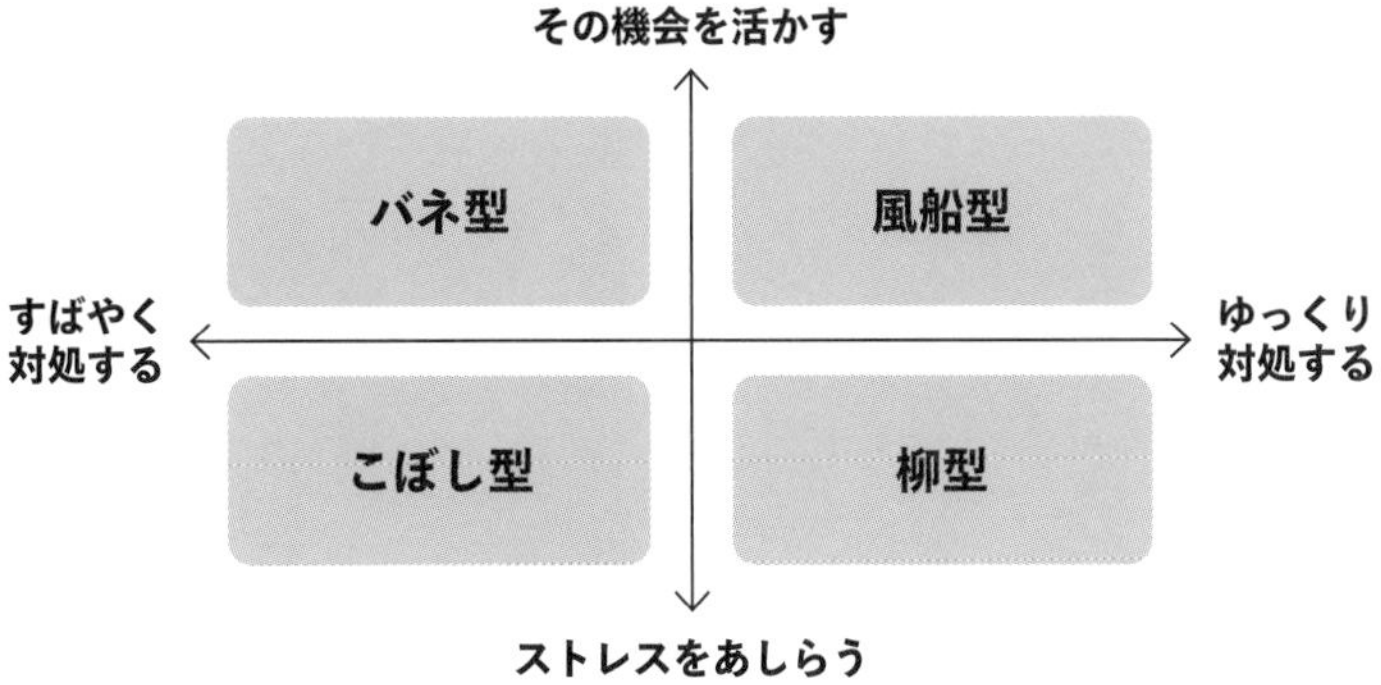

か。

このように2つの軸によって整理することで、レジリエンスには4つの基本戦略があることが見えてきます。

俯瞰すると、「バネ」は「すばやく×活かす」戦略で、真逆の物性を持つ「柳」は「ゆっくり×あしらう」戦略で、マトリクスの対極に位置していることがよくわかります。

新たに浮かび上がってきた右上の象限である「ゆっくり×活かす」戦略は、いわばゆっくりと風の流れに乗っていくような「風船」型とでも喩えられるでしょうか。流れに身を任せながらも、機会をポジティブに活かそうとするのが、「風船」型のレジリエンスです。

そして左下の象限である「すばやく×あしらう」戦略は、どれだけ外圧を与えても即座に立て直す「起き上がりこぼし」になぞらえて「こぼし」型とでも名付けておきましょう。考え込みすぎずに、「まあ、そういうこともある」と割り切って、くよくよせずにすぐに次のアクションを再開するような、失敗にへこたれずに「こぼし」のように立て直す戦略です。

ここまで出てきた、課題整理の枠組みとレジリエンスの4つの戦略の関係を整理しましょう。

チームに生じた問題は「技術的課題」と「適応課題」が複雑に絡み合っていることが多いため、上記2つについて考えた上で、「根治課題」と「緩和課題」に分けることが重要でした。

「根治課題」は困難を根本的に解消するための比較的長く時間のかかる課題設定であるため、図表中の上の象限「風船型」「柳型」で「ゆっくり」解決します。

ただし、「風船型」の戦略で、困難が生じる前よりも成長することを目指す場合には、困難に直面してすぐに「バネ型」の対処をすることが重要になる場合もあります。さらに成長する軌道を描くためには、困難を機に目標を変えることが有効になる場合もあるからです。

図表3-8：課題の種類とレジリエンス戦略

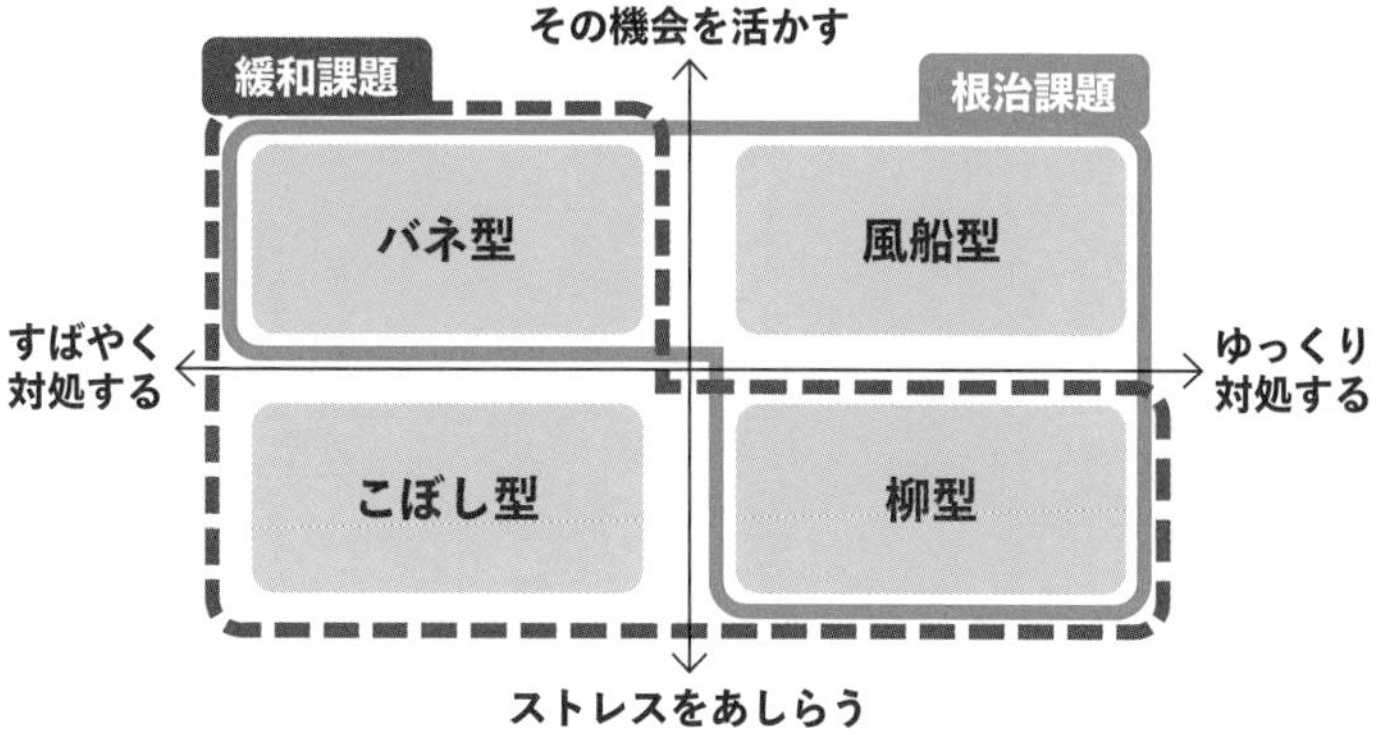

次に、「緩和課題」は困難にすばやく一次対応することで、ストレスフルな状況を多少軽減するための課題設定のため、レジリエンス戦略のうち、基本的には「こぼし型」で「すばやく」状況を改善させます。

ただし、緩和課題は解決に長い時間が必要な根治課題とセットで行われることも多いため、「柳型」が必要なケースもあります。

また、困難を機にモノの見方を変えて方向転換することが、ストレスを和らげることもあるため、「バネ型」が有効となる場合もあります。

これら4つの戦略には、優劣はありません。また、特定の困難な状況に対して、1つの戦略しか使えないわけでもありません。レジリエンスが高いチームは、自然と複数の戦略を組み合わせて、困難な状況に対処しているのです。

先のマーケティングチームの例を4つのレジリエンス戦略と合わせて見ると、図表3―8のように整理できるでしょう。

根治課題

・X（旧Twitter）の投稿を毎日続けて認知度を上げる（柳型）

・新製品のマーケティングがうまくいかなかったことを機に、今まではやっていなかった最先端のマーケティング戦略を学ぶ（バネ型）
・最先端の戦略のもとを投稿を続ける（風船型）

緩和課題

・現在の厳しい作業が、将来にわたって役立つ新しいスキルを獲得する機会であると意味づける（バネ型）
・短期的な閲覧数を下げないために、1ヶ月話題性のある投稿を続ける（こぼし型）

見える景色を共有する

ここまで、チームレジリエンスの3つのステップのうち、「ステップ1：課題を定めて対処する」を進める上で重要な、「困難を解決可能な形に具体化する」方法について、説明してきました。

一方で、課題を定めて対処する上では、3章の冒頭で述べたように、**メンバー間で困難をどのように捉えているのか、お互いに見える景色を共有することも欠かせません。**

特に「専門性」で解決可能な技術的課題ではなく、チーム自身に変化を要する「適応課題」である場合には、チームメンバー同士の関係性が困難のボトルネックになっており、問題の解釈が驚くほどバラバラであることも少なくありません。

チーム全員が「解決すべきだ」と納得できる課題を設定するためには、リーダーが自分の仮説を頭ごなしに押し付けることでもなく、現場メンバーが意見を押し通すことでもなく、お互いが見えている「景色」を共有して、問題の解釈をすり合わせながら、納得できる課題設定を探ることが必要です。

【見える景色を共有する際のポイント】
①チームに対話癖をつける
②問題に加担していないかチェックする

これは「対話」と呼ばれるコミュニケーションで、チームで見える景色を共有していく上では、「チームに対話癖をつけること」「問題に加担していないかチェックすること」が欠かせません。

図表3-9：対話とその他のコミュニケーションの違い

雑談
互いのボール（本音・価値観）は見せない、当たり障りない会話
討論
互いのボールをぶつけ合い、勝敗をはっきりさせる
議論
互いのボールはさておき、全員にとって合理的な正解を見つける
対話
自分のボールを押し付けず、互いのボールを観察。
それぞれを尊重し、新たに「共通理解」を描き直す

①チームに対話癖をつける

「対話（dialogue）」とは、互いの意見の背後にある前提を相互理解することで、共通認識をつくるためのコミュニケーションのことです。チームの課題設定力を高めるためには、常日頃から「対話」を習慣化しておくことが肝要です。

まずは「対話」の特徴を理解しておきましょう。その他のコミュニケーション様式である「雑談」「討論」「議論」と比較すると、解像度があがります。

【4種類のコミュニケーションの特徴】
雑談：自由な雰囲気のなかで行われる気軽な挨拶や情報のやりとり
討論：どちらの立場の意見が正しいかを決める話し合い
議論：合意形成や意思決定のための納得解を決める話し合い
対話：自由な雰囲気のなかで相互理解を深め、共通認識を作る話し合い

いずれも何らかの「自分の意見」を述べることには変わりありませんが、「対話」において特徴的なのは「意見の背後にある前提」を重視する点です。

ここでいう「前提」とは、実際に発言される意見そのものではなく、なぜその意見を発言したのか、頭のなかにある「本音」や、心の奥底にある「価値観」を指しています。

例えば開発チームのミーティングにおいて、マネジャーが「生産性の低下が気になります」と発言したとします。これ自体はマネジャーとしての「意見」ですが、その背後にどんな「本音・価値観」が潜んでいるのかは、日常のミーティング中ではなかなか目に見えません。

もしかすると本音では「ダラダラ作業せず、もっと効率的に働いてくれよ」と不満に思っているのかもしれませんし、逆に「長時間労働は心身を滅ぼす」という価値観を持っていて、「とにかく残業時間を健全化しないと、マネジャーとして気持ちが悪い」というのが本音かもしれません。

こうした普段は姿を現さない「本音・価値観」を「ボール」に喩えるならば、「雑談」「討論」「議論」「対話」の特徴は以下のように整理できます。

普段はなかなか表に出てこない「ボール（本音・価値観）」をお互いに見せ合って、それを「あなたは間違っている」「自分はそうは思わない」などと早急にジャッジを下すことなく、まずはじっくり「観察」して、理解を深める。相手が自分とは異なるボールを持っているときほど、この作業は大切です。

相手の意見が「なぜ自分と違うのか」がしっかり腹落ちしたら、そこからは共に「共通認識」を描き直します。

すなわち「チームが本当に向き合うべき課題は何か？」について、話し合いをして、納得のいく仮説を作り直すのです。

対話は、レジリエンスの高いチームを作る上で欠かせない重要なコミュニケーション様式です。

しかし、その他のコミュニケーションに比べて、時間も労力もかかる「面倒臭い」コミュニケーションであることも事実です。ただでさえ困難によってストレスが過多になっている状況で、いつも以上のコミュニケーションコストを割いて対話を深めるのは、それ自体がなかなか困難です。

だからこそ、困難が発生した「有事」になって初めて対話を試みるのではなく、**平時から「対話癖」をつけ、習慣に取り入れておくことが重要**です。

例えばチームの定例ミーティングや、マネジャーとメンバーの定例1on1のアジェンダに「いま問題だと感じていること」「そう思う理由」という項目を入れておいて、日々の「景色」を共有する時間を確保するのです。

話しにくければ、対話のきっかけは「問題」である必要はありません。何かしら、共通体験となっている「事実」をきっかけにするとよいでしょう。それは「昨日の飲み会」でも、「先週の全社総会」でも、「ようやく終わったプロジェクト」でも、なんでも構いません。

ミーティングや1on1の冒頭に数分間の「雑談タイム」をとって、「昨日の飲み会、どうでした?」、「プロジェクトがようやく終わりましたね。いまどんな心境ですか?」などと、ちょっとした「事実」に対する「景色」を尋ねることを、習慣にするのです。

この際に「相手の景色」を聞くだけでなく、率先して「自分の景色」も共有するとよいでしょう。「先週の全社総会、社長のビジョンにはとてもワクワクしたのですが、ちょっと不安もあったんですよね。なんでかというと……」といった具合に、「自分の景色」をまず相手に差し出して、その上で相手に「〜さんはどうでしたか?」と聞くのです。

筆者らが所属する株式会社MIMIGURIでは、こうした「景色交換」によるプチ対話の時間を、各所の定例ミーティングの冒頭で5分程度とるようにしています。この習慣が定着すると、次第になにか困難が発生するたびに「景色交換しましょうか」と、自発的に解釈のすり合わせが生まれるようになり、課題設定が容易になっていくのです。

②問題に加担していないかチェックする

チームで「対話」を行い、納得のいく課題設定をする際の「落とし穴」となる注意点を強調しておきます。

それは、権力を持ったリーダーやマネジャーが、過度に問題を単純化させて「部下に責任がある」という他責的なシナリオに収束させてしまわないことです[40]。

困難が発生して、チームがストレスフルにある状況においては、リーダーやマネジャーに限らず、誰もが「自分のストレスを緩和したい」と考えるため、一時的に困難から逃避し、「誰が悪いのか」と犯人を探す発想になりがちです。

例えば「満員電車」にすし詰めにされた状況を思い浮かべてください。

ここにいる誰もが「何でこんなに混んでるんだ……!」「もう、押さないでよ。本当に最悪!」などと、それぞれが「満員電車」に対してストレスを感じて、舌打ちをしているような状況です。

しかしここで指摘しておくべきことは、この舌打ちをする人たちが、この電車に乗車することによって、この「満員」の状況が出来上がっているという事実です。つまり、誰もがこの「満員電車」という問題に、加担をしているはずなのです。

ところが、ここで舌打ちをしている人の大半は、おそらく「この問題は自分のせいじゃない」と考えているはずです。

これが、組織やチームの「内的な困難」の課題設定の難しさの要因です。

組織やチームの問題もまた「この問題は自分のせいじゃない」と考える人の集合によって発生しているからです。

とはいえ、もちろん「満員電車」は「自分だけのせい」ではありませんから、「自責で考えよう」ということが言いたいわけでもありません。

大事なことは、問題の原因に、自分が部分的に加担しているかもしれない、という可能

40　参考：宇田川元一（2021）『組織が変わる』ダイヤモンド社

性を想像し、問題と自分を「つなげる」ことなのです。

チームメンバー対話を通して課題を設定するポイントもここにあります。

上司は「部下が悪い」と考え、部下は「上司が悪い」と一方的に決めつけている状況では、適切な課題設定はできません。

全員が「自分自身が問題に加担している可能性」を受け入れて、どうすれば「（私たちが乗り続けてしまう）満員電車を解決できるか？」と考えることが、チームが向き合うべき「本当の課題」にたどり着くための要点なのです。


リーダーやマネジャーは職位が上がっていくと、だんだんと「自分の仮説は正しい」と疑わなくなり、部下の景色を想像しなくなっていきます。

自分の積み上げた経験を信じることも大切ですが、常に自分の慢心を疑い、むしろ「部下の景色からヒントを得よう」という謙虚な姿勢を持つことが、チームレジリエンスを高めるのです。

プロジェクト化して課題解決に挑む

人任せ、無計画になりがちな課題解決

困難を課題に落とし込むことができれば、回復まではあと一歩と言えます。

しかし、解決すべき課題が明確になっても、問題状況が解決されないケースは多々あります。特に、緊急度の低い困難であれば、以下の2つのパターンから課題が放置され、次第に大きな問題に育ってしまう傾向があります。

パターン1　「誰かがやるよね」：人任せパターン

危機を乗り越える上での課題がクライアントの信頼を取り戻すことだと、気づいたチームを例に考えてみましょう。

担当者は「重要な課題はミーティングで話し合われたのだから、マネジャーが責任をも

って信頼回復の策を練るはず」と思っています。

一方、マネジャーは「担当者であるAさんが、この問題に責任を持って取り組んでくれるだろう」と考えています。また、その他のチームメンバーは、この問題が自分たちには関係ないと考えています。


このように、何が課題か分かっても、誰がその課題に責任を持って取り組む必要があるのか、明確になっていなくては課題解決に向かいません。野球やバレーボールなどのスポーツでも、お互いに譲り合ってボールを落としてしまうことを「お見合い」と呼び、連携のミスとして扱われますが、これと同じことはビジネスシーンでもよく起こります。

パターン2　「余裕ができたら対応する」：無計画パターン

また、いつまでに何をするのかが決まっていない場合も課題は放置されてしまいます。

例えば、肥満であることを課題に感じていても、いつまでにどのようにして痩せるのか決められていなければ、人はなかなか減量に取り組むことができません。

「痩せないと……」と思いつつ、「ダイエットは明日から」と言い続け、気がつけば数年経っていたという人も多いのではないでしょうか？

同様にチームの課題解決においても、期限や取り組む内容が明確でなければ、課題は放置されたままになるでしょう。

課題が放置されてしまうのを防ぐには、課題解決を「プロジェクト化」して、いつまでに誰が何をするのかを明確にすることが大切です。

「プロジェクト化」のポイントは以下の3つです。

【プロジェクト化のポイント】

1. 目標、期限、分担を決めて進捗を管理する

2. ウォーターフォールか？　アジャイルか？　適切な進行方法を選ぶ

3. 過去の成功パターンを意識的に捨てる

目標、期限、分担を決めて進捗を管理する

プロジェクトとは、ある目的を達成するための有期性のある業務のことです。

課題解決をプロジェクト化するとは、何があれば課題解決を達成したと言えるのか明確

化し、いつまでにどのように進めるのか、道筋を立てて遂行することを指します。具体的に以下の４つがプロジェクト化のポイントです。

①明確な達成目標を定める

「何を達成することができたら、回復したとみなせるのか」を数値などで明確に決めます。まずは設定した課題をもとに、目標を数値化し、明確な達成目標を定めましょう。

②期限を決めて計画を立てる

具体的な期限がないと、人は動けないものです。そのため、いつまでに何をやるのかを明確化しておく必要があります。

③役割分担を決める

「誰かがやるよね：人任せパターン」で述べたように、チームの全員が他の誰かがやってくれると考え、課題が放置されるケースもあります。よって、誰が何を担当するかの明確化することも大切です。

ただ、分担が決まっても「すでに抱えている仕事が忙しい」「割り振られた課題の難易度が高すぎる」といった理由から、課題解決に向けたタスクが放置されるケースもあります。そのような場合は、仕事の優先順位をつけてやらないことも同時に決める、外部の助けを借りるといった方法を取ることも有効です。

④定期的に進捗確認のミーティングを行う

達成するのが難しい目標の場合は期限を長めに設定することが一般的だと思います。しかし、期限が長いと「締め切り直前まで手を付けず、結果として期限内に仕上げられない」「問題解決の方法が分からなくなっても、他人に相談しづらい」といった問題が起こりやすくなります。

そのため、お尻を叩く意味でも、また相談の場を作る意味でも、進捗確認のミーティングを定期的に設けることが欠かせません。

なお、計画と役割分担に無茶は禁物です。「すばやく」対処する場合は、多少の無茶であれば目を瞑れるかもしれませんが、「ゆっくり」対処する場合はリソースを投下しすぎると途中でショートするかもしれません。

そのため、プロジェクト化ができたら計画が現実的か、一度チームで確認しましょう。

ウォーターフォールか？　アジャイルか？　適切な進行方法を選ぶ

プロジェクトを進めるときは、課題の種類に合わせて進め方を選択することも大切です。

先ほど組織における問題には「技術的課題」と「適応課題」があることを説明しました。技術的課題とは既存の知識や技術で解決できる問題であり、適応課題とは問題の当事者が認識や関係性を変えなければ解決しない問題です[41]。

技術的課題と適応課題にはそれぞれにあったプロジェクト推進方法があります。具体的には、技術的課題を解決するプロジェクトはウォーターフォール形式で、適応課題はアジャイル形式で進めることがおすすめです。

技術的課題→ウォーターフォール形式進行

適応課題→アジャイル形式で進行

どちらの形式も、もともとはシステム開発において使われているものですが、近年ではそれ以外の場面でも使用されています。

【ウォーターフォール形式】

ウォーターフォール形式とは、「設計図」に従って各人に作業を振り分け、メンバーがミスなく効率的に作業を進め、役割を遂行することを指します。[42]「watter fall」＝「滝」のように、最初の計画をもとに後戻りせずに進行していくところが、この形式の特徴です。

例えば、販売チームが売り上げを伸ばせない時に、他のチームのやり方や本などで紹介されているやり方をもとに、商品を宣伝する戦略を立て、手順を決め、販売促進の手立てを実行していくのは、ウォーターフォール形式のやり方です。

【アジャイル形式】

それに対して、アジャイル形式とは平たく言うと短い工程で仮説検証を繰り返し、学習しながら進めていくことです。そのため、途中で方向性を変えることや、必要なものを追加することも可能です。

41　技術的課題と適応課題については、ロナルド・A・ハイフェッツほか（2017）最難関のリーダーシップ―変革をやり遂げる意志とスキル．英治出版参照
42　安斎勇樹（2021）「問いかけの作法：チームの魅力と才能を引き出す技術」ディスカヴァー・トゥエンティワン

例えば、上司と部下の信頼関係がうまく構築されていないという課題がある時に、まず自分が慣れ親しんだやり方で、部下とのコミュニケーションを増やし、見えてきた改善点を踏まえてコミュニケーションの取り方を直すやり方はアジャイル形式です。

具体的には、まずは部下をランチに誘ってみる。けれども、部下が休憩時間を一人で過ごしたい様子であったことを踏まえ、勤務時間中の1on1に切り替えたといった進め方はアジャイル形式と言えるのです。

なぜ技術的課題がウォーターフォール形式で、適応課題がアジャイル形式が適しているのでしょうか。

技術的課題は有効な解決方法が明確なものです。そのため、計画をしておくと効率的に進めることが可能になるため、ウォーターフォール形式で一気に進めるのが適しています。逆に、技術的課題をアジャイル形式で進めていると、試行錯誤に時間が取られ、必要以上に時間がかかってしまいます。

適応課題は、問題の当事者たちが自分たちのものの見方や関係性を変えながら状況に適応しなければ解決できない課題です。つまり、明確な解決策がないことがほとんどです。

そのため、まずはやってみて、うまく行かなかったら修正してみるといった柔軟な対応ができるアジャイル形式で進めることがおすすめです。

ただし、技術的課題の中でも外部環境の変化が激しい場合においては、細やかな軌道修正が求められます。そのため、そうした場合には技術的課題であってもアジャイル形式で進めることが大切です。

また、レジリエンス戦略のうち、風船型は長い時間を要し、さらなる成長のために途中で方針を変える必要が生じることも多くあります。そのため、「風船型」で対処する場合は、技術的課題の解決であってもアジャイル形式の方が向いている場合があります。

過去の成功パターンを意識的に捨てる

最後にプロジェクトを進める際は、過去の成功パターンに囚われないことも大切です。なぜなら、周りの環境や状況が変わったのに過去の成功パターンをそのまま使っては、問題解決に至れないことがほとんどだからです。

例えば、新入社員が毎年辞めてしまうという課題を抱えるチームが、「新入社員を職場に定着させる」という目標を掲げたとします。古くから会社にいるA部長は、過去、離職率が低いときは「飲ミュニケーション」が盛んだったと、月2回の飲み会を実施する計画を立てました。

しかしながら、A部長が飲み会マネジメントで成功していたときの新入社員と、今の部署にいる新入社員の考え方は違います。新人のBさんはやりがいのある仕事ができるかを重視しており、またCさんは、プライベートの時間が確保できることを重要視しています。どちらのメンバーも会社の飲み会が多いことをよく思っていないのです。

このように、過去に成功したやり方がいつもうまく行くとは限りません。プロジェクト進行の計画を練る際は過去の成功に囚われず、今の状況を踏まえられているか、しっかり確認する必要があります。

過去の成功に囚われないためには、他者と策を練ることやシミュレーションをすることが有効です。

一人で、課題解決の手段を考えているとどうしても成功パターンに囚われてしまいがちであるため、**批判的思考の強い他者や自分と考えが異なる他者と一緒に考え、その方法が本当に有効か検討してみましょう。**

思考をさらに深める上では、シミュレーションも大切です。アイデアだけを考えるのでなく、その解決策をしたらどのような効果があるか、批判的かつ現実的に考えてみてください。そうすることで、今まで有効だった方法で今回もうまくいくかどうかヒントが得られるはずです。

課題に挑む時ほど、チームづくりを

課題解決を進める上で「プロジェクト化」が大切なことはすでに述べました。誰が何をいつまでに行うかを決めて、適切な方法で進めていけば課題は解決に向かうはずです。しかし、チームでの課題解決は「プロジェクト化」だけでは進みません。

著名なリーダーシップ理論の1つにＰＭ理論[43]というものがあります。

Ｐとは Performance function の略で、チームにおける課題解決の促進や生産性の向上を指します。Ｍとは、Process Maintenance function の略で、チーム内での人間関係の維持

43　三隅二不二, & 田崎敏昭. (1965). 組織体におけるリーダーシップの構造-機能に関する実証的研究. 教育・社会心理学研究, 5(1), 1-13.

や強化を意味しています。ＰＭ理論によると、リーダーがＰとＭのどちらも行えているチームが、最も高い成果をあげると言われています。

つまり、「プロジェクト化」が完了しただけでは、ＰＭ理論のうち、Ｐだけができている状況にすぎません。困難を乗り越える上では、チームづくりも同時に行うことが大切なのです。

困難時のチームづくりでは、特に以下の３つが大切です。

【困難時のチーム作りのコツ】
①ピンチな時ほどビジョンを示す
②ピンチな時ほどメンバー間で助け合えるようにする
③マネジャーの通常業務を15％減らしておく

①ピンチな時ほどビジョンを示す

困難に遭遇してうまくいかないときは、自然とモチベーションが下がるものです。

売り上げを取り戻そうと必死に頑張っていてもなかなか成果が出ずに諦めモードになる

ことや、企画を出すたびに先方に批判され、やる気を失ってしまうことは、よくあるのではないでしょうか？

困難に直面して大変な時ほど、「頑張る理由」が必要になります。

そんな状況で有効なのが、チームのビジョンを再確認することです。

ビジョンとは、すでに述べたように、チームがプロセス目標や、成果目標の先に何を目指しているかに関する長期的な展望のことです。

単に、仕事が1・2倍になったのでは、「なんでこんなに仕事をしなくてはいけないんだ」と、モチベーションを保つことができないかもしれません。

しかし、自分が今の仕事を請け負うことで、「日々〇〇人の顧客の困りごとを救えている」といったことをイメージできると、危機対応が大変な時にもモチベーションを下げずに働けるものです。

ソマーらの研究[44]では危機の中で働くチームにおいて、リーダーがビジョンを明確に示す

44　Sommer, S. A., Howell, J. M., & Hadley, C. N. (2016). Keeping positive and building strength: The role of affect and team leadership in developing resilience during an organizational crisis. *Group & Organization Management, 41*(2), 172-202.

ようなリーダーシップを取ることの有効性が示されています。
リーダーがこのような行動をとると、メンバーのポジティブな感情が増え、不安や苛立ちが減り、その結果としてメンバーのレジリエンスが高まるのです。

このように、困難な時に自分たちの役割や達成したい未来の目標を示すことは、モチベーションの低下を阻止します。困難に挑む期間が長期間に及ぶ場合は、モチベーションが低下しやすいものです。したがって、先述したレジリエンス戦略のうち、特に「風船型」や「柳型」といった、「ゆっくり」対処する戦略を使用している時には、緩和課題の解決策の1つとして、ビジョンを示すことが特に大切です。

ただし、あまりにこのブースターを使いすぎると、疲労が蓄積し、頑張り続けることができなくなってしまいます。また、これを悪用するとやりがい搾取になりかねません。
そのため、「メンバーに無理をさせ続けることのブースターとしては使わない」、「あくまでも短期的なモチベーションの向上のために使用する」といったルールを守って使用してください。崇高なビジョン目標のもとに長期的な搾取をするような形にはならないようにすることが大切です。

②ピンチな時ほどメンバー間で助け合えるようにする

困難下においては慣れないことにうまく対応できず、助けが必要になるメンバーも少なくありません。[45] しかし、そのような状況ではメンバーの多くが忙しく動いているため、助けが必要な人になかなか気がつくことができません。

したがって、メンバーの誰に余裕があり、誰が特に困っているのかを見える化し、助けを求めあえるような雰囲気をつくることも大切です。具体的には、以下の3つを行うことが有効です。

【メンバー間の助け合いを起こすコツ】

a. 個々の仕事状況について共有する
b. 助けを求める時間を作る
c. 助けてくれた人が損をしない仕組みをつくる

45　Alliger, G. M., Cerasoli, C. P., Tannenbaum, S. I., & Vessey, W. B. (2015). Team resilience: How teams flourish under pressure. Organizational Dynamics.

分業が進んでいるチームだと、他のメンバーが抱える仕事量や手が空いている人がいるかを知らないことがほとんどです。こうした状況は、誰に頼って良いかわからない、誰に余裕があるのかわからない、といった問題を作り出す一因でもあります。

そのため、次のようなことを行い、個々の状況についての共有を徹底することが欠かせません。

・そもそもチームが新しくできた時や、チームに新しい人が入ってきたときに、個々の担う仕事やその役割について共有する
・定例ミーティングなどで週に1回程度、現在どのような仕事に取り組んでいるのか、悩んでいることや困っていることは何か共有する

このような取り組みをすると、助けを求めやすくなります。しかし、チームのメンバーみんなが、これだけで助けを求められるようになるわけではありません。

例えば、できないやつだと思われたくないから、他人に頼れない人もいるかもしれません。また、「自分が助けを求めることで、他の人がさらに大変になったら良くない」と一人で問題を抱え込んでしまう人もいるでしょう。

そのため、助けが必要な人は報告をする場を定例ミーティングに設けるなど、助けを求

めるのを当たり前にしてしまうのも1つの手です。

また、助けてくれてた人が損をしたと感じない仕組みづくりも欠かせません。

・Aさんが困ってたから、Aさんのタスクを引き受けたのはいいけれど、私の仕事量はみんなより多い
・効率よく自分の仕事を終わらせることを意識していたら、ヘルプが自分のところにばかり集まって、結局残業が増えている

このように、できる人や仕事が早い人のもとにヘルプが集まると、その人の疲労の増加やモチベーションの低下を引き起こすかもしれません。

そのため、ヘルプを担当してくれた人を褒めたり表彰したりするなど、ヘルプした側の利点をつくることが大切です。あるいは、ヘルプを求めている人の仕事を巻き取る際に、単に仕事をもらうのでなく、仕事を交換するのも良いでしょう。そうすれば、仕事が過多になることを防げます。

③マネジャーの通常業務を15%減らしておく

困難を乗り越えるためのプロジェクトを進める際、マネジャーが行わなければならない仕事はたくさんあります。

・被害状況の確認
・メンバーの目線共有
・課題への落とし込み
・プロジェクト化
・チームメンバーと定期的な進捗管理ミーティング

さらに、これらの仕事は緊急性を要するものばかりです。プレイングマネジャーとして**一人二役をこなすことが多いマネジャーが、普段の仕事に加えて危機対応を行うのはとても大変**なことだと思います。

また、このように大変な状況が続くとマネジャーがチーム作りまで担えなくなってしまうことがほとんどです。

そこで、危機の際に行いたいのが、**マネジャーの通常業務を「15%」減らす**という作戦です。つまり、1日の就労時間の中で、約1時間、困難への対応に充てる時間を設けるということです。10分、15分といった細切れの時間では、問題状況の整理は難しいかもしれません。しかし1時間あれば、課題を整理したり、メンバーと1on1をしたりする余裕があり、課題解決を進めることができます。例えば、打ち合わせが多いようであれば、1日1つ打ち合わせを減らしてみてください。

マネジャーも人間です。マネジャーにだけ1日50時間あるというわけでもありません。そのため、日頃の仕事も困難への対応もすべてそのまま行おうとするのではなく、まずは通常業務を15%減らしましょう。

マネジャーの業務を15%減らす方法として、以下の2つがあります。

a. やらないことを決める
b. 部下に仕事の一部を委ねる

1つ目の「やらないことを決める」ことは、通常業務を減らす方法の1つです。普段の仕事の中にはやる必要のないタスクや、自分以外の人に任せられる仕事が紛れ込んでいるものではないでしょうか？

例えば、事務作業の中には誰かに仮案の作成を求め、自分が最後の確認をするくらいで十分なものもあるかもしれません。そうした「必ずしも自分がしなくても良い仕事」を特定し、その工程を削除する、あるいは誰かに任せると、通常業務を削減できます。

2つ目のやり方は、「ピンチはチャンス」だと捉え、この機会に部下に重要な仕事の一部を委ねることです。aで挙がった仕事の中に、「自分がやった方が早い」「部下がやるとクォリティーが少し下がる」といった理由から、部下にパスできていない仕事はないでしょうか？

そんな仕事を部下にパスすることは、自分の仕事を減らせるだけでなく、部下の成長を促す機会を生み出すことにもつながります。

そのため、マネジャーが担っている仕事の一部をメンバーに委ねることは、彼ら彼女らの成長にもつながり、リソースも確保できて一石二鳥と言えるでしょう。

ストレスに負けないチームをつくる

チームの困難はメンバーの心身の健康を蝕む

チームが困難に直面しているとき、リーダーは状況を改善させることに集中しています。ときには問題解決を第一に考え、メンバーに無理をさせてしまうこともあります。例えば、顧客からの高い期待や要求に直面した場合、この状況を乗り越えようと、メンバーに対して難しいタスクをお願いして、過重労働を求めることがこともあるかもしれません。しかし、その結果として、メンバーのモチベーションや心身の健康が損なわれてしまっては、結果的にチームの効率や成果にも悪影響が及ぶ可能性があります。

またストレスは、一緒に働くメンバーの間で伝染することも知られています[46]。そのため、

46 Westman, M.（2001）Stress and strain crossover. Human Relations 54:717―751.

困難の解決に向けて一致団結しないといけない時に、メンバー間でストレスが伝染し、チームの空気がどんどん悪くなってしまうといったこともあるかもしれません。

このように、**チームが困難に直面している時は、個々のメンバーに負荷がかかる時でもあります。**そのため、困難に挑む際にはいつも以上にチーム内でストレスケアを推進していくことが大切です。

ストレスケアを推進していく上でのポイントは、以下の2つです。

【チームのストレスケアのポイント】

1. メンバーのストレスサインを見逃さない

2. ストレスケアのテクニックを広めておく

メンバーのストレスサインを見逃さない

ストレスケアを推進するための初めの一歩として重要なのは、メンバーを観察し、ストレスのサインに気がつくことです。

先述の通り、困難に対処しているときは、チーム全員のストレス状況が高いときでもあります。

・締め切り前でメンバーが皆たくさんの仕事に追われている
・リーダーがイライラしていることにメンバーが腹を立て、チーム内でイライラが蔓延している
・仕事をうまく進められず、助けを求めたい。しかし、他のメンバーも忙しそうなため、助けを求めることができない。結果、一人で抱え込んでしまいストレスが溜まる

ストレスが多く、苦しい状況においては、メンバーは健康的にいきいきと働くことはできません。また、疲労感や苛立ちから、高いパフォーマンスを発揮することも難しくなってしまいます。

そのため、メンバーのストレス状況のモニタリングが欠かせません。困難への対処が長期にわたる場合は、ストレスがたくさん蓄積されてしまう可能性があるため、特に注意が必要です。

メンバーのストレスサインに気がつくためには、以下の2つが重要です。

【メンバーのストレス過多に気づくコツ】

①定期ミーティングの場で、ストレスの度合いを確認する

②らしくないミスに敏感になる

多くのリーダーは日常的にチームメンバーのストレスレベルを確認していないかもしれません。しかし、チームが困難な状況に直面したときは、メンバーが過度にプレッシャーを感じていないかをチェックすることが重要です。

具体的には、定期ミーティングの始めや終わりに10分間を使って、メンバーの現在のストレスレベルを１００点満点で尋ね、「どのように改善できるか」について話し合うと良いでしょう。

また、ストレスが溜まってくると、人はその人らしくないミスをし始めます。

例えば、以下のような状況はメンバーがストレスを支えているサインかもしれません。

・普段は会議の時間を絶対に間違えない人が、最近よく会議に遅れて来るようになった

・いつも締め切りを守る人が、立て続けに締め切りを守れていない

上記はほんの一例ですが、このような「らしくないミス」が頻発している時は、本人が思っている以上にストレスと疲れが溜まってしまっている可能性があります。

このようなサインを見つけたら、そのメンバーの仕事量を見直すことを考えましょう。例えば、重要度が低いタスクの締め切りを延ばしたり、余裕のある他のメンバーに一部の仕事を委ねたり、残業時間を減らすといった方法が有効です。

メンバーの仕事を減らすことで、チームの進捗が一時的に遅くなることもあるかもしれません。しかし、長期的に見れば、全員が無理なく働ける環境を作ることが、チームのモチベーションを維持し、高いパフォーマンスを発揮につながります。

また、ストレス過多が続いているメンバーは、専門家の助けが必要な場合もあります。自分たちだけで解決しようとせずに産業医などに相談することも大切です。

ストレスケアのテクニックを広めておく

危機に直面して大変なときは、チーム内でストレスケアの方法を共有するのも有効です。

こうした取り組みは、チームメンバーが健康かつモチベーション高く働ける職場づくりにつながります。

個人がストレスに対処する方法は、「**ストレス・コーピング**」と呼ばれています。ストレス・コーピングにはいくつかの分類がありますが、例えば、ストレスケアと予防に取り組んできたレイキンらは、人のストレス対処の方法を、信念（Belief）、感情（Affect）、社会的（Social）、想像（Imagination）、認知（Cognition）、身体的（Physiology）の6つに分類しています[47]。

6つのチャネルを用いたストレスケアの例は下記のようなものです。

①**信念（Belief）**：使命感や信仰のことを指します。信念を用いたストレスケアの例としては、自分の価値や信念と今の仕事とのつながりを考える、などが挙げられます。

②**感情（Affect）**：喜怒哀楽を表すことを指します。思いっきり、泣いたり笑ったりすることもストレス対処に有効です。感情を用いたストレスケアの具体例としては、好きな映画を見て泣くことが挙げられます。

47 Leykin, D., Krkeljic, L., Rogel, R., Lev, Y., Niv, S., Spanglet, J., … & Shacham, Y. (2012). The" BASIC Ph" model of coping and resiliency: Theory, research and cross-cultural application. Jessica Kingsley Publishers.

図表3-10：ストレス状況を回復に導く BASIC Ph

信念 Belief

使命感や信念に基づく

感情 Affect

感情表現をする

社会性 Social

人と接する、社会とつながる

想像 Imagination

想像や空想にふける

認知 Cognition

問題の解決を図る

身体性 Physiology

お酒を飲む、運動をする

③社会的（**Social**）：人とのつながりを感じることや他者に助けを求めることです。社会的なストレスケアの例としては、友達や家族に、愚痴を言うなどが挙げられます

④想像（**Imagination**）：楽しいことを考える、夢想にふけるなどが想像に含まれます。想像を用いたストレスケアの例としては、なかなか成果が出ない時に、一旦仕事のことは忘れて、バカンスで南の島に行くことを考えるなどが挙げられます。

⑤認知（**Cognition**）：問題解決に向けた行動を取ることを指します。例えば、仕事が多すぎるときに上司と交渉して仕事を減らすことは、認知のストレスケアの例として挙げられます。

⑥身体的（**Physiology**）：身体を使ったストレスケアのことです。例としては、運動をする、お酒を飲む、おいしいものを食べる、などが挙げられます。

どのストレスケアが良いといったことはなく、個人のタイプや、ストレス状況によってもどれが有効かは異なると言われています。[48] よって、まずは、「自分がこれをやるとストレスが緩和されるな」という方法を用いることがおすすめです。

また、レイキンらは今のストレス状況をコントロールできる場合は、認知チャネルのような、実際のストレス源を減らすアプローチを取るのが有効だと述べます。逆に、コント

ロールできない場合は、信念や感情、想像などに寄り添うチャネルが有効だそうです。[49]

今の状況が改善できそうな時は認知チャネルを、そうでない時は他のチャネルを使うようにしましょう。

48 Leykin, D., Krkeljic, L., Rogel, R., Lev, Y., Niv, S., Spanglet, J., … & Shacham, Y. (2012). The" BASIC Ph" model of coping and resiliency: Theory, research and cross-cultural application. Jessica Kingsley Publishers

49 Leykin, D., Krkeljic, L., Rogel, R., Lev, Y., Niv, S., Spanglet, J., … & Shacham, Y. (2012). The" BASIC Ph" model of coping and resiliency: Theory, research and cross-cultural application. Jessica Kingsley Publishers.

第4章

レジリエントなチームは困難から学ぶ

同じ轍を踏まないために困難から学ぶ

この章のテーマは、チームレジリエンスの3つのステップの1つである「困難から学ぶ」です。

学習することは、チームレジリエンスの要です。

困難な状況から学ばなければ、私たちは同じような失敗を繰り返してしまうからです。

困難をしっかり振り返り、チームの中で、経験を整理し、教訓を言語化することで、再現可能な対応策を共有することが大切なのです。

特に、3章で示したレジリエンスの基本戦略のうち、「ゆっくり対処する」アプローチ（主に風船型と柳型）は、学習が欠かせない

図表4-1：ステップ2 困難から学ぶ

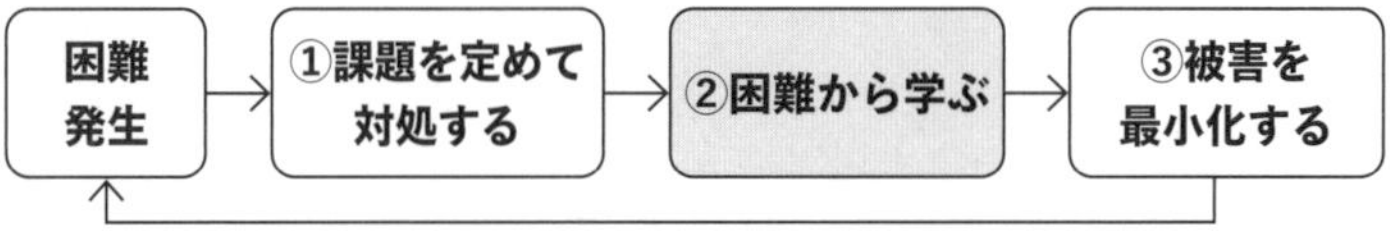

でしょう。「根治課題」は、一度乗り越えても、再び遭遇することも少ないため、とりわけその原因に対する改善が必要だからです。

「学び」や「学習」という言葉を聞くと、教材から知識を得るようなシーンを思い浮かべる人も多いかもしれません。

しかし、筆者らの専門である学習論の中では、「自分の経験を振り返り教訓を得ること」や「変化すること」を学習と捉える立場もあります。[50] いわゆる受験勉強のような「学習」はさまざまな学習の定義の中の1つにすぎないのです。

本書ではこの立場に沿って、一人で教材を読んで知識を獲得することでなく、**チームのみんなで困難を振り返り、教訓を得ることを「学び」と呼ぶ**ことにします。

困難から学ぶことは、「困難を振り返ること」と「教訓をつくること」の2つから成り

50　例えば、職場でのさまざまな学習の定義については、下記の文献が詳しい。
Manuti, A., Pastore, S., Scardigno, A. F., Giancaspro, M. L., & Morciano, D. (2015). Formal and informal learning in the workplace: A research review. International journal of training and development, 19(1), 1-17.

立ちます。

「困難を振り返る」とは、チームで良質な振り返りを行うことです。困難から教訓を得るためには、困難に遭遇した際にとった行動を振り返ることが欠かせません。**振り返りでは、他者を責めたり謝ったりして終わりとなることもよくあります。**しかし、それでは教訓をつくるのに十分な情報は得られないため、こうした失敗パターンを避けなければなりません。

「教訓をつくる」とは、振り返りで得た学びを「活きたもの」にする力のことです。困難から学ぼうと「再発防止マニュアル」を作成するチームは少なくないでしょう。しかし、それにもかかわらず同じ困難を繰り返すケースも珍しくありません。チームレジリエンスを高めるためには、**マニュアルを作成するだけでは不十分で、チームのルーティンやメンバーの役割を変化させていくことが欠かせない**のです。

この章では、「困難を振り返る」、「教訓をつくる」を高めるために必要な考え方と具体的な知見を解説していきます。ご自身のチームの「学び」を高める方法を考えながら、本書を読み進めていただければと思います。

振り返りをしているのに、チームが成長しない理由

うまくいかない出来事があったときに、振り返りを行っているというチームは少なくないでしょう。しかしながら、困難が生じたあとに良質な振り返りを行うのは、意外と難しいものです。

多くの場合、**困難の後のチームの振り返りは「責任者断罪型」「仲良しサークル型」「チームレジリエンス型」の3つに分類されます。**

責任者断罪型では、困難を誰かのせいにして、振り返りを終わりにします。

仲良しサークル型では、チームで困難を乗り越えたことをきっかけに結束力を高めますが、困難を乗り越えたことに満足し、教訓の獲得が軽視される傾向にあります。

これらのパターンは、教訓を得ず、困難に向き合わない「やり過ごし」の振り返りパターンと言えるでしょう。「やり過ごし」の振り返りを乗り越えるためには「責任者断罪型」や「仲良しサークル型」から脱却しなければなりません。

そのためには、教訓づくりのためのヒントを得られる「チームレジリエンス型」の振り返りをすることが大切です。表4―2にそれぞれの型の特徴を整理しました。

まずは「責任者断罪型」「仲良しサークル型」といった、よく起こる悪いパターンの振り返りを見てみましょう。

陥りやすい振り返りの悪いパターン

パターン1　責任者断罪型——自己防衛の落とし穴

困難により生じたストレスや、「自分のせいでうまくいかなかった」といった申し訳なさから、困難後の振り返りは犯人探しや謝罪の場になりがちです。

「これは結局、誰の責任になるんですか！」

「私がもっとうまくやっていれば、このような事態にはなっていませんでした。申し訳ございません」

図表4-2：各型の振り返りパターン

	責任者断罪型	仲良しサークル型	チームレジリエンス型
犯人を探さない	×	○	○
謝って終わりにしない	×	○	○
チームの関係性を深める	×	○	○
困難をきちんと振り返る	×	×	○
教訓を獲得する	×	×	○

といった言葉が飛び交う振り返りも多いのではないでしょうか。

ただでさえストレスを感じている状況において、「もしかしたら自分が悪いかもしれない」と考えることはさらにストレスを高めます。そのため、つい「自分は正しい」と考えたくなるものです。

もしくは険悪なムードの振り返りを早く終わらせたいと、「自分のせいだ」と〝自白〟することでこの状況を早く終わらせようとする人もいるでしょう。


これが自己防衛の落とし穴です。

自白することは自己防衛に感じられないかもしれませんが、それ以上の追求によって本人がより責任を感じることや、周りの人に被害が及ぶことへの罪悪感といった、深手を追わないための回避行動として自己を防衛しているのです。

この自己防衛の落とし穴は、チームで困難と不確実性に向き合っていく上で、常に気をつけるべきポイントです。

このことを一人ひとりが頭では理解していて、困難に冷静に対処する心構えがあったとしても、他のメンバーとの価値観が真逆であったり、当初の計画通りにプロジェクトが進まなかったりなど、チームでレジリエンスを発揮する過程で、ストレスが一時的に増幅する場面は少なくありません。

そうしたときに、それまで脇に置いていたはずの「自分は正しい」「間違っているのは相手だ」「自分のせいかもしれない」という考えが、ついつい再び頭に浮かび、誰かが責任をとるものにしたくなるものです。

自己防衛の落とし穴にはまったチームでは「振り返りをしよう」としても、その文化や慣習から、チームメンバーも犯人の究明や、謝罪の言葉に終始してしまうかもしれません。

チームレジリエンスにおいて「誰かのせいにして、事態を収束させる」ということは、最もやってはならない最悪の展開です。

もちろん、法律を犯したり、倫理的に明らかに誤った行動をとったメンバーがいた場合には、社会人として厳しく断罪すべきケースはあるでしょう。

しかしVUCAに起因した困難な状況によるストレスを、特定の誰かのせいにしていても、永久に困難もストレスも解消されません。「問題」と「人」を混同させないことが、その場しのぎの解決にさせないために重要です。

チームレジリエンスにおいて「自己防衛」による「責任者断罪」はご法度である。そのようにチームで強く認識しておきましょう。

パターン2 仲良しサークル型――関係性優位による忘れもの

チームの「関係性」は良好でも、困難から教訓を得られないというのでは困ります。

〝逆境〟とも呼べるような激しいストレス状況を乗り越えたチームは、多くの場合、チームの関係性が向上し、絆が深まります。当初は仲が悪かったライバル同士が、強大な「共通の敵」に立ち向かうことで結束するというのは、少年漫画などでよくあるパターンです。

「いやーめちゃくちゃヤバかったけど、何とかなったな！ もう一回きたらうまくやれそう！」

苦難を乗り越え、チームの結束が高まると、お互いの信頼感と自己肯定感が高まり「自分達なら、どんな困難でも乗り越えられる」と考えるようになります。スタートアップ企業や、新たに立ち上がったプロジェクトチームなどでよく見かけるケースです。

チームの絆が深まるのは素晴らしいことです。しかし精神的な結束だけに頼り切ったチームは、プロジェクトの冷静な「振り返り」を疎かにして、「教訓」の獲得が軽視されがちです。これを本書では〝仲良しサークル〟の忘れものと呼びます。

また〝仲良しサークル〟の忘れものにはもう1つパターンがあります。振り返りはするものの、良い関係性を壊したくないあまり、議論や指摘ができなくなるものです。

「まーみんなそれぞれが頑張って、乗り越えられたってことだね」

こちらも責任者断罪型とは反対に、責任を追求するような形になることを恐れ、踏み込んだ話をできないまま教訓をその場に置き忘れて、振り返りが終わります。

ビジネスの利害関係を超えて、チームが〝仲良しサークル〟と呼べるような関係を構築できることは素晴らしいことですが、頭と心の両面から成長してはじめて、チームレジリエンスが発揮されたといえるのです。

まずは〝責任者断罪型〟から抜けだすこと。そして、困難から教訓を得ない、〝仲良しサークル型〟を避けて、チームレジリエンス型を目指していきましょう。

「チームレジリエンス型」の振り返り

犯人を探るのでなく、事実に向き合い、そこから教訓を得るための振り返りを行うポイントは、次の5つです。

【チームレジリエンス型の振り返りポイント】

①目的を提示する
②よかった点を振り返る
③別のアプローチをしていたらどうなったか考える
④前提を疑う
⑤振り返りを習慣化する

大事なことは、「困難の再発防止」を目的に、全員の目線で振り返ることです。

目的を提示する――振り返りの質を下げない

先に述べたように、困難後の振り返りは、困難により生じた辛さや、「自分のせいでうまくいかなった」といった申し訳なさから、自己防衛の落とし穴にはまりがちです。これを乗り越える上では、まずは振り返りの冒頭で目的を明示することが大切です。

例えば、リーダーから「この振り返りは、犯人探しや謝罪を目的としているのではなく、困難の再発防止のために行っている」と明確に伝えると良いでしょう。方向性を示すと、過度に感情的にならずに「何を改善すべきか」を冷静に話し合えるようになります。

一方で、人間の習慣はなかなか変わりません。最初に会議の目的を確認しても、責任者断罪型の会議を長く行ってきたチームは、犯人探しを進めてしまうでしょう。

そのため、犯人探しや謝罪がはじまったら未来に焦点を当てるよう、声かけすることも大切です。粘り強く「再発防止のため」という振り返りの目的に沿って軌道修正する声か

けを行う必要があるのです。例えば、

「起きてしまったことはしょうがない。今後のことを考えよう」

「誰かをただ責めるだけでは、また同じことを繰り返してしまうかもしれない。チームとしての対策を考えよう」。

といった言葉を振り返り中にすると良いでしょう。

よかった点を振り返る――ネガティブをポジティブに

自己防衛の落とし穴から逃れるためには、良かった点を振り返ることも有効です。

先にも述べたように、「振り返り、教訓にする」過程は辛かったことが思い出されるのが常ですが、**「良かった点」についても共に振り返ることで、ネガティブな感情が緩和されます。**

また良かった点を振り返ることは、個人の優れたノウハウの共有にも役立ちます。

「○○さんの機転で救われたね」

「以前に似たようなことがあったので、手順を整理して覚えていたんです」
「それみんなで共有しておくと良いかも」

メンバーが入れ替わってゆくチームにおいて、チームメンバー1人が困難の対処方法を知っているだけでは不十分です。メンバー間で困難の対処方法に関する知識や技術を共有できていた方が、チームのパフォーマンスを下げずに済みます。

このように、ネガティブな感情を和らげたり、困難に対処するための良い方法を共有したりするためには、「良かった点を振り返る」ことを導入することが大切なのです。

ただ、日本人は自分たちのことを褒めるのが苦手な傾向があるので、「今回うちのチームは本当にだめだった」、「自分は結構うまく問題に対処できたけど、それを言ったら自慢だと思われそう」と、メンバーがなかなか良い点を挙げられないケースもあるかもしれません。

そうした場合は、以下のような工夫をしてみましょう。

■良かった点がなかったと感じているケース

「良かった点がなかった」と感じている人は、まず、チームの最悪のケースを想定してみましょう。そして、「どうして最悪の事態を回避することができたのか？」、「より被害を拡大せずに済んだのはなぜか？」を考えてみてください。自分のチームへの理想の高さゆえに見逃していた、チームの良い点が見えてくるはずです。

例　チームで苦境に遭遇してもメンバーが愚痴や不満を言わずに過ごしていた

↓「困難な状況でもメンバーがチームをネガティブな渦に巻き込まなかった」

■自慢になりそうでためらいがあるケース

「自分がした良い行動を振り返りで話したら、自慢だと思われないか」と心配な人は、前項で説明した振り返りの目的とともに伝えると良いでしょう。

例　クレーマー対応がうまくいったとき

×「○○をしたらうまくいった」と伝える

↓「この前、クレーマーにうまく対応できたけど、もしかしたらみんなの役に立つかもしれないから……」などと冒頭に一言添えるまた、リーダーが振り返りの目的は「チームの学習」であることを日頃から伝えられていれば、メンバーのためらいの感情が膨らむのを阻止できるはずです。

■リーダーが良い点を振り返ってくれないケース

メンバーでなく、リーダーが良い点を振り返ってくれないケースもあるかもしれません。そんな時は、チームメンバーが積極的に良かった点を振り返り、その場の空気を変えていくことがおすすめです。あるいは、チームメンバーが、振り返りのアジェンダに追加することを提案をしても良いかもしれません。

また、良かった点を振り返る際には、いつも以上にチームメンバーに感謝を伝えることも大切です。

２０１６年に一般社団法人日本能率協会が行った「第7回ビジネスパーソン１０００人調査」[51]によると、仕事で「誰からも感謝されていない」と感じている人は40・３％に及びます。

51　一般社団法人日本能率協会（2016）ビジネスパーソンの〝今〟をデータで読み解く第7回「ビジネスパーソン1000人調査」【仕事と感謝編】(https://www.jma.or.jp/img/pdf-report/businessperson_2016-thanks.pdf)

つまり、チームの約半数の人は感謝のメッセージをもらっていないと感じているのです。一方で、チームで困難を乗り越えた後に感謝の気持ちを伝え合うと、メンバーのモチベーションが向上すると指摘されています。[52]

あなたは実際に日々チームメンバーに感謝を伝えているでしょうか？

困難を経験したチームのメンバーは、「こんな大変なことがあるのならば、他の職場に移ってしまおうかな」「しんどかったし、疲れたな」といった気持ちになることも少なくありません。

そんなメンバーにしっかりと感謝を伝えると、彼らの「次もこのチームのために少し力を貸そうか」といった気持ちが醸成され得るのです。

感謝した時に、カードやチャット上のメッセージスタンプを送りあう文化のある企業では、こうしたコミュニケーションツールを活用して感謝を伝えるのも1つの手段です。

また感謝することは、チーム規範の構築にも有用だと言われています。[53]つまり、ある振る舞いについての感謝は、その行動の定着を促すのです。よって、特に今後も継続して行ってほしい行動があるときはに感謝することが大切です。

別のアプローチをしていたらどうなったか考える——視野の広さが行動を決める

見落とされがちですが、良質な振り返りを行う上で意外と大切なのは、「もし別のアプローチをしていたらどうなったか」を考えることです。

別のアプローチを考える上で参考となるのが、3章で紹介したレジリエンスの4つの基本戦略です。

これら4つの戦略には、優劣はありません。また、特定の困難な状況に対して、1つの戦略しか使えないわけでもありません。レジリエンスが高いチームは、自然と複数の戦略を組み合わせて、困難な状況に対処

52　Alliger, G. M., Cerasoli, C. P., Tannenbaum, S. I., & Vessey, W. B. (2015). Team resilience: How teams flourish under pressure. Organizational Dynamics.
53　Alliger, G. M., Cerasoli, C. P., Tannenbaum, S. I., & Vessey, W. B. (2015). Team resilience: How teams flourish under pressure. Organizational Dynamics.

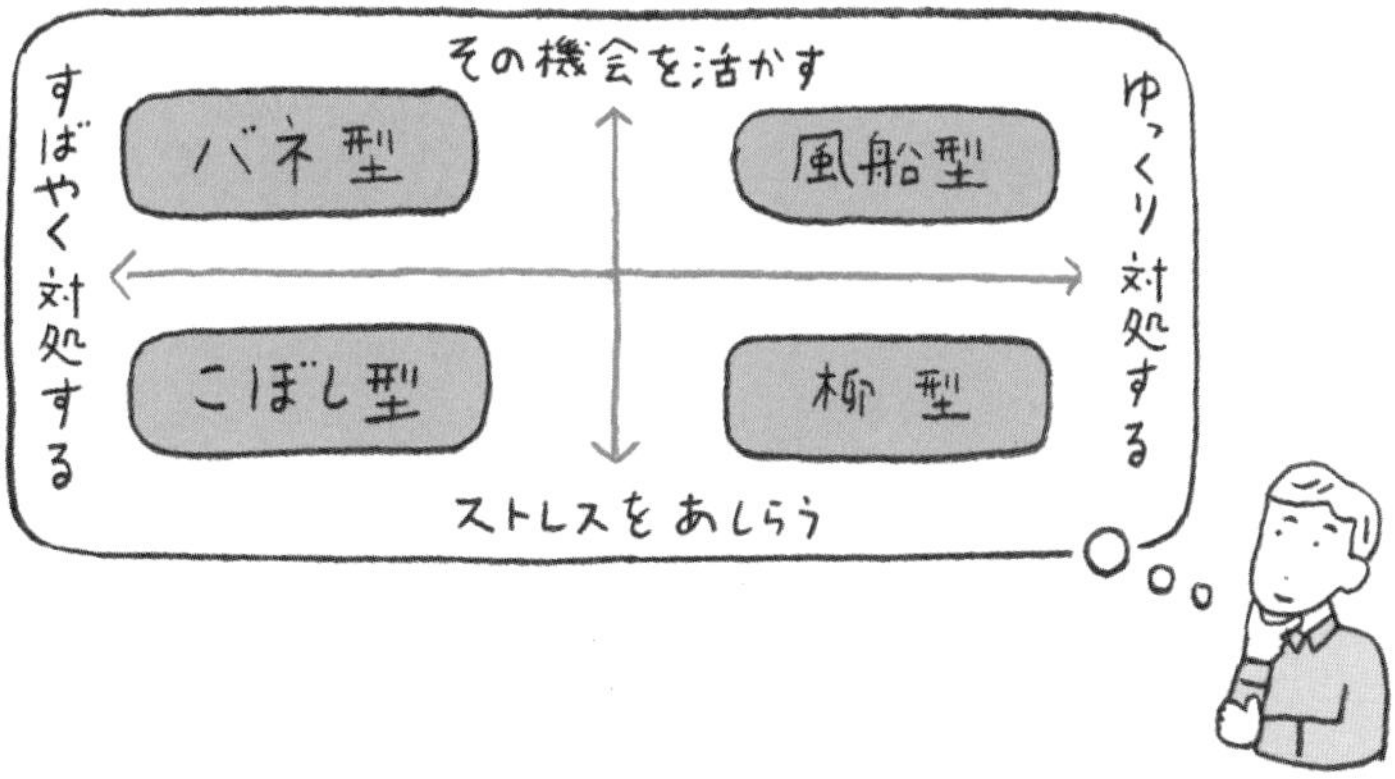

していると言えるでしょう。

『ペヤングソースやきそば』を製造する「まるか食品」では、２０１５年に商品へのゴキブリの混入が発覚し、それまでのブランドが一気に崩れる危機に陥りました。

しかし、事実が発覚した翌日には現物を回収し、９日後には全商品の販売中止と自主回収を決めました。その後、半年間の販売中止の決定を含め、中小企業としては異例の速さの対応を行い、同時に10億円の設備投資を行って製造環境を刷新します。また、販売中止期間中に同社の丸橋嘉一社長は小売店にお詫び行脚を行ったとされています。

販売中止を決定して「こぼし型」で困難にすばやく対処してあしらいながら、「バネ型」で根治課題である製造環境の刷新を行い、またお詫び行脚という「風船型」の長期的な機会活用を行ったことが功を奏し、まるか食品は発覚から6カ月後にはV字回復を果たしています。[54]

組織レジリエンスの対応ではありますが、この事例から見てとれるように、有効な戦略を組み合わせることが早期の回復につながることは明確でしょう。

しかしながら、私たちは同じレジリエンス戦略に頼ってしまうものです。いつも「柳型」を行うことがチームにとって最適な場合もありますが、実は「こぼし型」も使用しながら進めた方がうまくいくかもしれない……といったケースもあります。

自分たちが困難から回復する上ではどの戦略を使ったのか、他の戦略を使用した場合はどうなりそうかを考え、**レジリエンス戦略そのものを見直していくことも振り返りの質を高める上で大切**です。

前提を疑う――対処ではなく「仕組み」から変える

振り返りの際は、同じようなエラーを生じさせないために何をすべきかを考えるのが一般的です。しかしそれだけでは、実は十分とは言い切れません。

学習にはエラーを検出して業務フローのみを修正する「シングル・ループ学習」だけでなく、**既存の前提を問い直して根本的な原因を探り、時にはやり方だけでなくチームの構造やしきたりを変えていくような学習**である、「ダブル・ループ学習」もあるからです。

54 https://www.news-postseven.com/archives/20150727_338112.html?DETAIL
https://pulitoi.com/2956

両者では、振り返りの際の観点も異なります。「今期の売上がかかった自社の一大イベントで、参加者の目標数を達成できなかった」という困難を経験した広報チームを例に考えてみましょう。

このチームは自社の持つ顧客リストに対してダイレクトメールを送り、イベントの広報を行ったところ、目標とする参加者数を集めることができませんでした。

シングル・ループ学習をするチームでは、今までのやり方を改善し、目標を達成する方法を考えます。そのため、振り返りでは「広報の時期を早めよう」、「PR文をわかりやすくしよう」といった改善点が挙がるでしょう。

それに対してダブル・ループ学習するチームは、「そもそも、自社の持つ顧客リストにダイレクトメールを送る広報だけで良いのか？」という前提の部分から、再検

図表4-3：シングルループ学習とダブルループ学習

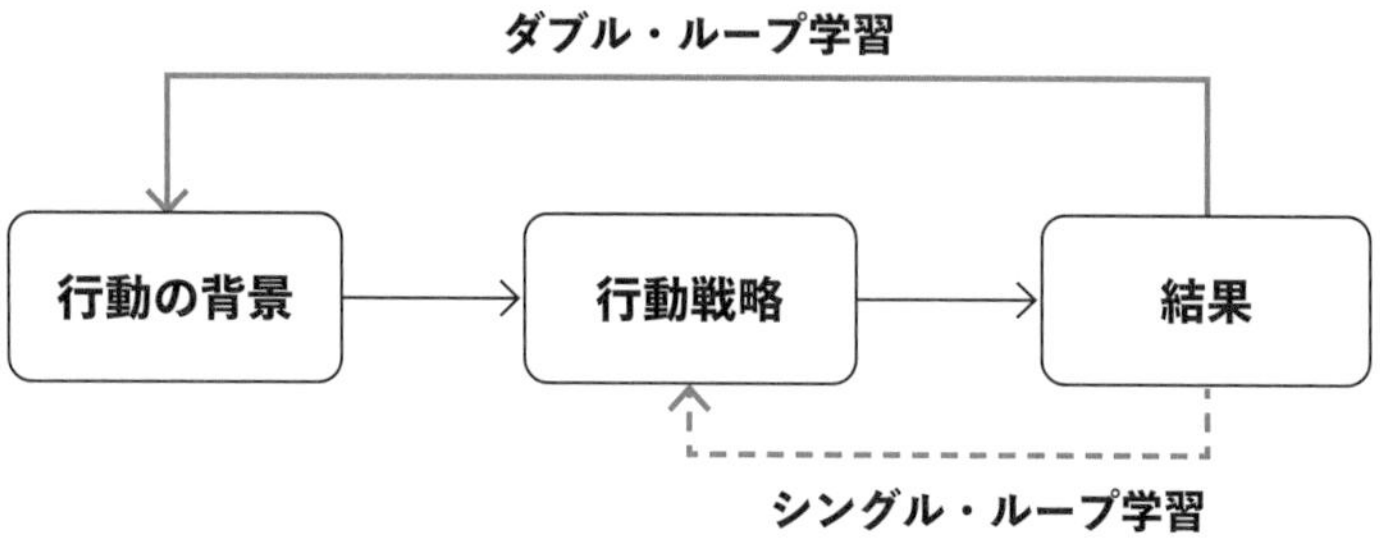

討をはじめます。

ターゲット層は、ＳＮＳで流行っているイベントに関心があることを踏まえ、「ＳＮＳでイベントの魅力を伝え、観客を集める」といった改善点を挙げるかもしれません。

ビジネスを取り巻く環境が変化する中では、今までのやり方をベースにしながらやり方を変えるシングル・ループ学習の動き方では、うまくいかないこともあります。そんな時はダブル・ループ学習を行った方が、根本的な解決に向かうかもしれません。

一方で、ダブル・ループ学習は、シングル・ループ学習に比べて時間やリソースがかかるため、素早く行い定着させるのには、なかなか難しい側面もあります。

また、新しいやり方を模索すれば、当然、その仕事を担当していた人の業務が大きく変わることもあり得ます。

先の広報チームを例に挙げると、前提を問い直してＳＮＳでの広報を行うという方針になることで、新しい広報の仕方を学ばなくてはいけないことに反発されることもあるでしょう。あるいは、ダイレクトメールの作成にやりがいを感じていた人であれば、業務が変わることで、モチベーションが低下してしまう可能性もあります。

過度なダブル・ループ学習は、返ってチームの反発を受けたり、メンバーの負担になってしまう可能性もあるのです。そのため、どんなに頻度が多くても、ダブル・ループ学習は四半期に1回にするといった工夫が必要です。

振り返りを習慣化する──インシデント対応で終わらせない

日頃から振り返りの習慣を持つのも、「責任者断罪型」の振り返りを防ぐ1つの手です。なぜなら振り返りの習慣化が、ネガティブ感情による学習の妨げを防いでくれるからです[55]。**困難の後は感情的になるものですが、日頃から振り返っていれば、いつも通りに落ち着いて話し合える**のです。

個人レベルでのリフレクションは、1on1や定期的な打ち合わせの際によく行われています。一方で、チームレベルのリフレクションは、困難な出来事が生じたときにしか行わないチームも少なくないのではないでしょうか？　むしろインシデント対応の場を設け、その責任を個人に問うて終わりというケースは多くありそうです。

そのことを踏まえると、チームについて振り返り、話し合う習慣を意図的に増やすことが大切です。

具体的にはチームの定例ミーティングの際に月に一回、下記のようなテーマで話し合う時間を設けると良いでしょう。

- チームの目的は何だったのか？
- チームがより高いパフォーマンスを発揮するにはどうしたら良いか？
- 各メンバーが仕事を進める上でうまくいっていないことはないか？　それを他のチームメンバーが手伝うことはできるか？

あなたのチームは、困難を経験したときだけに振り返りを行っていないでしょうか？「責任者断罪型」を回避する上では、振り返りの習慣化が大切です。

55 Rauter, S., Weiss, M., & Hoegl, M. (2018). Team learning from setbacks: A study in the context of start – up teams. *Journal of Organizational Behavior, 39*(6), 783-795.

今後に活きる教訓をつくる

「教訓をつくる」上では、振り返りで得た学びを活きたものにすることが欠かせません。学びは実践により効果を発揮します。振り返りはできても、実践し続けることは簡単ではありません。

レジリエントなチームはこうした学びを実践し続けることで、成長につなげる強さがあります。

形骸化する再発防止マニュアル

チームでの振り返りの後に、以下のような失敗を経験したことはないでしょうか？

・振り返りをしたけれど、結局そこで出てきた改善点は次の日以降、活かされていない
・1年前、失敗をもとに再発防止マニュアルを作ったけれど、ほとんど見返すことはない

・新しくチームに来たメンバーは、マニュアルの存在すら知らないかもしれない

「同じような困難が生じた際にうまく対応できるように」と、再発防止マニュアルをつくることはよくあることです。

しかし、**悲しいことにマニュアルが形骸化してしまうことは少なくありません。**

そのため、活きた教訓を作成するために、次の５つのポイントを押さえることが大切です。

【活きた教訓をつくるポイント】

1. 目線のズレをマネジメントし、全体方針を決める
2. 役割分担を見直し、困難を乗り越える
3. 教訓を日々の習慣に落とし込む
4. 教訓を「痛み」とセットで語り継ぐ
5. 知識共有の方法にこだわる

目線のズレをマネジメントし、全体方針を決める

振り返りで、さまざまな良かった点や改善点があぶり出されたら、それを教訓にします。日々忙しく働く私たちは、すべての意見を次の機会につなげることはできないかもしれません。あるいは、反省点で上がったことをすべて行うには資源が足りない場合もあるでしょう。

そのため、教訓を作成するにあたっては、振り返りで出たアイデアを取捨選択していくことが大切です。

個々のメンバーで、行っている業務や役割が違うため、優先順位づけはそう簡単ではないかもしれません。そんな時は、リーダーが、**「次に同じような困難に遭遇するのを防ぐ」「費用対効果が大きい」の2つを軸に、教訓化する内容を選ぶ**と良いかもしれません。

業務改善だけでなく「役割分担」を見直す

同じようなミスを繰り返さないために、業務プロセスを変更することはよくあります。しかし、それだけでは不十分なことも珍しくありません。

例えば、クライアントに報告するデータに誤りがないように、印刷して読み返すことを義務付けても、担当者が細かいことに気がつかないタイプであれば、状況はあまり改善しないでしょう。

こうした場合においては、工程だけでなく役割分担を見直すことが大切です。

先の例で言えば、担当者にチェックを任せるのでなく、細かいことをチェックするのが得意な別の人に最終確認をさせると良いでしょう。

「チーム」の利点は、さまざまな個性やスキルを持つ人が集まっているところにあります。それを活かして、**誰が何を担当するかを変更すれば、目標や行動の見直しだけでは解決が難しいこともうまく乗り越えられます。**

例えば、お笑い芸人のロンドンブーツは、もともと田村亮さんの方がツッコミで、番組の司会もやっていました。しかし、こうした仕事が苦手だと感じて途中で役割を交換し、田村淳さんが司会を行うようになったそうです[56]。得意な分野を活かした役割分担により、

56　テレビ東京（2021年6月2日放映）「あちこちオードリー」・【テレビ番組】

ロンドンブーツはより一層、多くの番組で人気を得ていきました。

こうしたケースは、先のデータの誤りを防いだ事例のように、職場のチームにおいてもよく見られます。教訓を得る際に適切な役割分担を編み直すことは、問題に直面してもうまく機能できるチームへと進化するきっかけになるかもしれません。

教訓を日々の習慣に落とし込む

良い教訓を生み出しても、それだけでは「学習できた」ことにはなりません。それをしっかり実践に落とし込めなければ、結局チームはまた同じような困難に直面するでしょう。

例えばある営業チームが、エース社員が抜け、売り上げが落ちたことを振り返り、「ベストプラクティスを共有する」という教訓を生み出したとしましょう。営業のベストプラクティスを共有してノウハウを蓄積すれば、いきなり誰かが辞めても大きな被害にならないだろう、と考えたからです。

こうした素晴らしい教訓を作ったとしても、それが実際に実行され、ルーティンが変わらなければ、誰かが抜けた時の被害を最小化することはできません。

つまり、**教訓を「習慣」にしなければ、状況は変わっていかない**のです。

教訓を習慣にするには、①定例会議の中に組み込む ②チーム内のルールや行動指針に落とし込む、といった方法が有効です。

①定例会議に組み込んで実行状況を確認する

教訓が日々実行できているか、定例の会議で確認するのは教訓を日常に生かすためにできる簡単な工夫の1つです。困難を乗り越え教訓が生まれたら、まずそれを定例会議のアジェンダに反映できないか検討してみましょう。

②チーム内のルールに落とし込む

チーム内のルールや行動指針も、メンバーの行動変化を促す上で有用です。

先の、「ベストプラクティスを共有する」という教訓ならば、「毎月、最終日に社内コミュニケーションツールに今月のベストプラクティスをレポートする」というルールを設けると良いかもしれません。

教訓を「痛み」とセットで語り継ぐ

学びを「活きたもの」にするには、教訓だけでなく、その原因となった困難を共有することも大切です。困難の語りは、教訓の重要性と納得感を生む上で欠かせないからです。

困難から時間が経てば、その痛みは忘れ去られてしまいます。「回復」という意味では、傷つく人がいなくなったのは良いことですが、痛みを忘れることは、教訓を活かそうというモチベーションを阻害します。教訓の重要性を認識できず、なかなか実行できなくなってしまうのです。

あるいは、チームの構成員が変われば、そもそもこの教訓の裏にどのような痛みがあったのか、知っている人はいないかもしれません。教訓だけ聞かされた新しいメンバーは、その重要性を認識できないかもしれません。

そのため**教訓だけでなく、その原因となった困難と、その被害についても共有することが大切**なのです。

例えば、株式会社グッドパッチの土屋尚史氏（代表取締役社長兼ＣＥＯ）は、過去の失敗経験を入社研修において語り継いでいるといいます。[57]

同社は過去に従業員の大量離職と組織崩壊を経験し、バリューの再構築・再浸透などに取り組んで危機を乗り越え上場しました。この経験は、今でも社長自らによって社員に伝えられ、社員の「同じ誤ちを繰り返さない」という意識をつくっています。また、こうした語りは、教訓に対する納得感を生んでいるといいます。

また2章でも紹介した2024年1月2日の「日本航空516便衝突炎上事故」のCAチームの活躍の背景には、1985年に起きた「JAL123便の墜落事故（御巣鷹山日航機墜落事故）」からの教訓が活きていたといわれています。20年前に起きた事故のことを記憶していない従業員が増えたことを受け、2005年にJALは本社内の一画に当時の機体の残がいを展示して、乗員と乗客のストーリーを紹介しているそうです。[58]

あなたのチームでは、教訓と一緒に、その元となる困難のことを語り継いでいるでしょ

57　CULTIBASE「急成長企業はいかに『チームレジリエンス』を育んでいるか？ ハードシングスと共に歩むグッドパッチの軌跡から学ぶ」（https://www.cultibase.jp/videos/12292）より

58　https://www.cnn.co.jp/amp/article/35213408.html

うか？　もしも、教訓だけを伝えているなら、「痛み」と共に語ることを意識すると良いかもしれません。

教訓を伝える「場」を使い分ける

同じような困難に遭遇しないための教訓の中には、メンバー内で知識を共有するといった類のものもあります。

例えば、ホテルのフロントチームに顧客から激しいクレームが寄せられ、それに対応できなかったという困難に遭遇したケースを想定してみましょう。この場合、リーダーがチームメンバー全員にクレームに適切に対処する方法を共有するといった教訓を作成するかもしれません。

ここで注意したいのが、「知識共有」の場です。共有の仕方には、会議で伝える、研修で伝える、社内ｗｉｋｉを使うなどさまざまな手段があります。[59]そして、それぞれには図

59　Wilson, J. M., Goodman, P. S., & Cronin, M. A. (2007). Group learning. *Academy of management review, 32*(4), 1041-1059.

図表4-4：知識共有の場のメリットとデメリット

知識共有の方法	メリット	デメリット
会議で伝える	・短い時間で、チームメンバーに内容を伝えられる	・現場でどのように行うのか、詳細なプロセスを伝えるのが難しい ・学んだ内容を現場で実際に行うのが難しい
OJTで伝える	・実場面に沿って、必要な知識を得ることができる	・そうした場面に遭遇しなければ、知識を得る機会がない ・実際の職務中であるので、失敗の被害が大きい場合は損失が大きい
研修で伝える	・体系的に多くのメンバーに知識を伝えられる	・研修を作ることや研修を受けることにに時間を取られる ・学んだ内容を現場で実際に行うのが難しい
社内wikiを利用する	・少しの作成の手間で多くの人に伝えることができる ・状況に合わせて内容を更新しやすい	・しっかり見てもらうためには工夫が必要 ・身振り手振りなどノンバーバルな内容を伝えるのは難しい ・現場でどのように行うのか、詳細なプロセスを伝えるのが難しい

出典：Wilson(2007) [55]をもとに筆者が作成

表4―4のようなメリット、デメリットがあります[60]。

チームの状況に合わせながら適切な場を選択、組み合わせて知識を共有していくことが大切です。

例えばクレーム対応でも、メールでの対応の仕方を共有したい場合は、非言語要素を共有する必要性が低いため、社内ｗｉｋｉで十分でしょう。一方、接客の中でお客様に対応する方法を伝えるのであれば、より非言語的なことも学べる研修やＯＪＴの方が適切かもしれません。

60 下記の表はWilson(2007)を参考に筆者が作成

第5章

レジリエントなチームは被害を最小化する

取り返しのつかない事態を事前に最小化する

「対処」だけでは不十分

取り返しのつかない事態は起こってから対応するよりも、未然に防いだり、最小限の被害に抑えたりすることの方が大きなメリットがあります。

ＶＵＣＡの時代においては、すべての困難を予測することは難しいかもしれません。しかしながら、「備えあれば憂いなし」は時代を超えた生存戦略の１つです。

チームレジリエンスを構成する３つのステップの１つである「被害を最小化する」は、困難による被害を回避したり事前に対応することを指します。

レジリエンスというと、困難に直面した「後」に、そこから立ち直るプロセスを思い浮かべるかもしれません。しかし、その**被害の大きさによっては困難が起きてから対処するのでは遅すぎる場合があります。**

人命に関わる事故はもちろん、企業としての信頼を失墜させるようなミス、チームの存続を危ぶませる仲違いなどは、事前に避けられるに越したことはありません。

また、困難を完全に避けられなかったとしても、事前にシミュレーションと十分な備えをしておけば、後の「対処」に必要なコストを下げることにもつながります。

そのためレジリエンスの高いチームほど、困難に備える「被害を最小化する」ことを日頃から意識しているのです。

最小化のための「早期発見」と「事前対策」

被害を最小化するためには「早期発見」「事前対策」の2つが必要になります。

「早期発見」とは、困難の予兆にいち早く気がつくことです。定期的な健康診断が大病の早期発見につながるように、困難の予兆も早

図表3-1：ステップ3 被害を最小化する

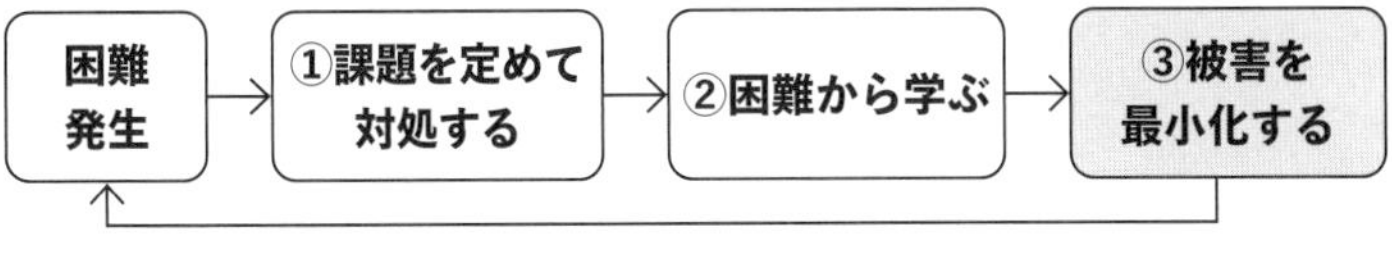

く見つけておくに越したことはありません。

「事前対策」とは、困難が発生した場合の対処の仕方について、事前に想定しておくことです。どんなにリスクを最小にしようと努めても大地震などの災害の発生を防ぐことが不可能であるように、チームの困難は必ず発生します。非常食を備え、避難経路を確認しておくように、困難が生じた場合に備えて訓練しておくことがダメージを減らすのに有効です。

困難を振り返り、作成した教訓を、事前対策で活かすことも大切なポイントです。

困難を早期発見する

人命に関わる事故はもちろん、企業としての信頼を失墜させるようなミス、チームの存続を危ぶませる仲違いなどは、事前に避けられるに越したことはありません。

被害の大きさによっては困難が起きてから対処するのでは遅すぎる場合があります。そのため、困難の予兆も早く見つけて、早期に対策を打つことが大切なのです。

レジリエンスの高いチームは困難による被害を最小化できるよう、次の2つのことを行っています。

【困難を早期に発見するポイント】

- **〝流行り病〟から学ぶ**
- **チーム内部の困難のサインを察知する**

〝流行り病〟から学ぶ

ＶＵＣＡの時代においては、予想できないような困難により、打撃を受けることも少なくありません。例えば２０２０年、緊急事態宣言下において多くの飲食店は新型コロナウイルスという想定外の困難により打撃を受けました。

このような、困難を回避するためには、外部環境の変化や他のチームの観察から困難を予測し、昨今よく起こっている困難――すなわち〝流行り病〟を把握するアプローチが必要です。

困難の予兆を察知するためには、新聞やニュースを読み込み、チームを取り巻く環境の変化を知ることが欠かせません。また、他のチームがどのような失敗を経験しているのか、情報を収集することも必要です。日々多くの仕事をこなさなければならない中で、これらのことを行うのは負担でもあります。

そのため、**チームに１人「流行り病」のリサーチ係を設け、情報収集を任せる**のも有効です。そして１カ月に１回程度、困難の予兆を共有する機会を設けると良いでしょう。

リサーチ係は、チームに影響を与え得る外部環境の変化や他のチームの失敗について、新聞やニュース、自分の持つネットワークから調べます。そして、定例の打ち合わせの際に調べたことを報告します。

具体的には下記の内容を報告すると良いでしょう。

〈チームのビジネスを取り巻く環境の変化について報告する場合〉

・どのような変化が起きているのか
・その変化により起こり得るチームの困難と生じ得る被害
・取り得る解決策

報告例　**キュレーションチーム**

・**どのような変化が起きているのか**：インターネット上には、AIを使用して生成された記事が増えているが、その内容の真偽がわからないことが指摘されている
・**その変化により起こり得るチームの困難と生じ得る被害**：特に医療や健康のジャンルでは間違った記事が公開されると、信頼性を失う可能性が高い
・**とり得る解決策**：こうしたジャンルの記事の公開にあたっては、専門家に監修を依頼する

〈他のチームの困難や失敗を報告する場合〉

・競合チームあるいは同じ組織の他のチームがどのような困難に遭遇したか

・その被害

・自社がとり得る解決策

報告例　**広報チームの例**

・**競合企業あるいは同じ組織の他のチームが遭遇した困難**：競合他社（B社）の広報チームのSNSアカウントが炎上した

・**生じた被害**：B社の株価が大幅に落ちた

・**自社がとり得る解決策**：研修を行い、どういった投稿にリスクがあるかを担当者が学ぶ

報告後は、予測される困難に遭遇した場合、想定される被害を踏まえて対策を練るか検討します。

そして、チームで対策を練るべきだと判断した困難については、それを避けたり、被害を最小化したりするために対策を練る必要があります。

例えば先の広報チームの例であれば、以下のような策を取ると炎上を回避できるかもしれません。

・そのリストをもとに投稿前は必ず第三者にチェックしてもらう
・どのような発言が炎上につながるのか調べ、チェックリストをつくる

また注意していても炎上してしまうこともあります。炎上を防ぐために何ができるかだけでなく、万が一炎上した場合にどのような行動をとるか考えておくと、困難が生じてしまった場合でも被害を最小化できます。

例えば、先の例であれば、炎上が起こった場合に早急な対応ができるよう、報告の判断基準や組織内の対応手順、外部相談の確保などを行うと、いざ炎上しても被害を小さくできるでしょう。

ただし、自分たちのチームに生じるかもしれないすべての困難を回避しようとするのは、もちろん不可能です。また、被害の小さい困難を回避するために、時間と人的リソースをたくさん使っても、チームにとってプラスとは言えません。

そのため、リーダーが生じそうな被害とチームのリソースのバランスをもとに、対策を練るかの判断を下していくことが大切です。

チーム内部の困難のサインを察知する

前のページではチームを取り巻く外部環境の変化から、困難を察知する方法について紹介しましたが、実際に困難を回避するためには、周りの状況だけを観察するのでは不十分です。

チームレジリエンスを高める上では、メンバーの大量離職や人間関係の悪化などのような、チーム内部の困難の予兆に気がつくことも欠かせません。

こうした困難の予兆を早くに察知するために何に着目するかは、チームの行う仕事やチームの状況によって大きく異なりますが、**「スケジュールの遅れ」や「パルスサーベイの値」は、内部の困難が発露しやすい**部分かもしれません。

例えば、チームの仕事の進捗が芳しくない時は、その背後に仕事の負荷が高すぎる、チーム内のコミュニケーションに問題があって効率的に仕事を進められていない、チームの人間関係がうまくいっておらず、その疲弊からメンバーのモチベーションが下がってしまっている、といった問題が潜んでいることも少なくありません。

近年はエンゲージメントサーベイを導入する企業も多いですが、短い間隔で繰り返し行うアンケート調査である「パルスサーベイ」の値にも、内部の不調は滲み出ます。

エンゲージメントの値が下がったり、反対にストレスの値が上がったり、した場合には、メンバーの職場への不満が溜まっているかもしれません。パルスサーベイシステムの中には、蓄えたデータをもとに離職する可能性のある社員を予測し、アラートをだしてくれるものもあります。また、アラート機能がないサーベイを使っている場合でも、本人の今のスコアと過去のスコアと比較することで、モチベーションが下がっていないか、不満が溜まっていないかを確認することもできます。

このような方法で、不調気味のメンバーをあぶり出したら、1on1の際に職場の問題について詳しく尋ねてみると、チーム内部の困難の種を発見できるでしょう。

すべての困難を避けるべきか？

このように、困難の予兆を早期に発見し、それを回避することは大切です。

しかし困難の予兆、すなわちリスクは〝すべて〟避けるべきなのでしょうか？

例えば下記のように、リスクを避けることでかえってチームに損害が生まれてしまいます。

・外部環境の不確実性に怯えるあまりに、新規事業に投資できなくなるケース
↓リスク回避と同時に新規事業による成長や拡大の可能性を潰してしまいます
・事業プロセス上の失敗を回避しようとするあまり、若手の挑戦が抑止されるケース
↓リスク回避と同時に若手の育成機会が潰されてしまいます
・人間関係のリスクを回避しようとするあまり、職場が〝ぬるま湯〟化してしまうケース
↓異能を採用・歓迎しなくなってしまいます。また、健全なフィードバックや対話が起こらないため、多様な視点からフィードバックを得る機会がなくなってしまいます

このように**リスクの中には、ある角度から見ると困難の兆しであるものの、別の角度か**

ら見ると成長のチャンスであるものも多くあります。そうした場合、リスクを避けることは逆にチームの損失になってしまいかねません。

つまり、すべての困難を避けてしまっては、特に2章で紹介した〝攻め〟のチームは機会を逃すことになります。そのため、避けるべきリスクとそうでないリスクを見極めることが大切です。

しかし、「チャンスにもつながるリスク」の見極めは意外と難しいものです。また、実際にやってみなければわからない部分も多くあります。例えば先の1番目のケースであれば、どのような場合に新規事業にGOサインを出して、どのような場合に出さないのかの判断は容易ではありません。

「チャンスにもつながるリスク」を活かしていく上では、まずは回避しないことが大切です。**チームの利益になるならば、まずはやってみる**と決めるのも良いでしょう。

ただし、利益をもたらすようなリスクも、他のものと同様に被害を生み出す可能性はあります。そのため、リスクを取ると同時にうまくいかなかった場合にどのような被害が生じるのか想定し、被害に備えることが欠かせません。

ＧＯサインより大切なのは、**撤退ラインを決めておくこと**です。

例えば、サイバーエージェントでは新規事業を推奨する一方で、撤退のラインを予め定め、リスクに備えているそうです[61]。具体的には、「リリース後４カ月の時点で、コミュニティなら月間３００万ＰＶ、ゲームなら月間売上１０００万円を超えない場合撤退する」という引き際のラインを定め、大きな損失を防いでいます。

これは、成長のチャンスでもあるリスクについては、まずは「活かす」アプローチで、実行してみる。一方で、撤退ラインを超えたら「あしらう」方の戦略に切り替えるのが有効なことを意味しています。

リスクを避けようとするあまりに成長の機会を逃してしまっていないか、リスクの撤退ラインが明確になっているかどうか、いま一度検討してみてください。

困難に備えて事前対策する

困難を早期に発見して、回避することは理想ですが、先にも述べたようにすべての困難を避けられるとは限りません。特に、VUCAの時代においては、すべての困難を予測することは難しいでしょう。

一方で、遭遇し得る困難については、それに備えて事前にシミュレーションと十分な備えをしておけば、後の「対処」に必要なコストを下げることができます。

困難が生じると、不安や焦りから私たちはスムーズに動けなくなってしまいます。そのため、事前に対策を練り、困難が起きた時に少しでも落ち着いて対処できるよう準備することが大切です。

61 CULTIBASE ―失敗に強い『折れないチーム』の作り方：チームレジリエンスが育つ関係性構築の実践知（https://www.cultibase.jp/events/12310）

例えば避難訓練をしていると、地震が発生したときに身を守りやすくなります。それと同じように、ビジネスチームも困難が生じたときに誰がどのように動くのかを想定し、備えておけば、大きな被害を避けることができるのです。

困難を「活かす」にしても、「あしらう」にしても、取り返しのつかない被害を避けることが欠かせないために、「事前対策」はどちらのアプローチを取る上でも欠かせません。

事前に対策をして被害を最小化する上では、次の3つを行うことが有効です。

【事前対策のポイント】

1.〝避難訓練〟で持病に備える
2.通常業務を手順化する
3.いざという時に頼れる「外部専門家リスト」を作成

チームは〝持病〟を持っている

「二度あることは三度ある」という諺があるように、チームが同じ困難に直面することも少なくありません。また、チームが埋め込まれた業界や組織の仕組み上、定期的に同じような困難に遭遇しやすいケースもあるでしょう。

例えば、以下のようなケースです。

・納期が近づくたびにチームがピリついて、コミュニケーションに問題が生じる。
・年度末は毎年受託案件が立て込み、開発人員が不足し、ミスが増えやすい。
・外部からの資金調達に依存した新規事業プロジェクトであるため、定期的に資金ショートの可能性が浮上する。

チームにはこのように遭遇しやすい困難、いわば〝持病〟のようなものがあります。
チームレジリエンスを高めるためには、チームの〝持病〟の傾向と原因をきちんと特定して、それに備えておくことが大切です。

4章で紹介した振り返りと教訓づくりを十分に行っていれば、〝持病〟は明確になり、その対策もバッチリかもしれません。

しかし、まだ〝持病〟とその対策方法が不明確なチームや、チーム歴が浅く自分たちのチームの特徴を十分に理解できていないチームは、以下の3つを行うことが有効です。

①〝持病〟を特定する（What）
②〝持病〟の要因を探る（Why）
③〝持病〟の対策を練る（How）

まず、チームの〝持病〟を特定するには、下記の問いかけをもとにチームが過去に経験した困難を振り返ることが大切です。

・過去にチームのパフォーマンスが落ちた時期（スランプに陥った時期）はいつか？
・そのとき、どのような被害がチームに生じたか？
・チームが二度と経験したくない困難や失敗は何か？

なお、あまり頻繁にこの問いかけを行っても、新しい意見は出てきません。そのため年に1度、例えば年度末や年末にこの問いをもとに振り返るのがおすすめです。

例　営業チーム

◎過去にチームのパフォーマンスが落ちた時期（スランプに陥った時期）はいつか？
・若手が一気に辞めていった7―9月

・競合他社のチームが台頭してきた1―3月

◎そのとき、どのような被害がチームに生じたか？

・若手が一気に辞めていった7―9月
―個々人の仕事量の急増
―売り上げの低下
―若手の離職をきっかけに中堅以上のメンバーのエンゲージメントが低下

・競合他社のチームが台頭してきた1―3月
・売り上げがやや減少

◎チームが二度と経験したくない困難や失敗は何か？

・若手の離職

この振り返りは、マネジャー1人でもできますが、チームの持病のうちチームの内部に原因がある困難について知りたい場合には、メンバー全員で行うと良いでしょう。

チームの内部に原因がある困難とは、メンバー間の衝突や役割の曖昧さ、一部のメンバーへの労働量の過多などのことです。こうした困難は、リーダーの視点からだけでは把握できていない場合もあるため、全員で振り返る必要があります。

次に、チームの〝持病〟がわかったら、その要因を検討します。

具体的には、付箋に要因を書き出して、似ているものをグループ化していくと良いでしょう。

〝持病〟の要因を挙げる際は、「チームの習慣」と、「症状が悪化する時期」を探ることがおすすめです。

腰痛は、長い間座る習慣のある人に起こりやすいことや、季節の変わり目にひどくなりやすいものです。これを同じように、チームの持病と習慣は原因と結果として切り離せないことが多く、持病には症状が悪化する時期と和らぐ時期が存在します。

そのため、要因を検討する上では、これら2つを捉えることが大切です。

例えば、企画チームのエンゲージメントが低いという持病の要因を、「チームの習慣」と「症状が悪化する時期」から検討すると、下記のように整理できるかもしれません。

例　エンゲージメントが低いチーム

・チームの習慣：納期の間際になって、マネジャーがプランの再検討を求めるため、メンバーが疲弊し、エンゲージメントが低下しやすい

・**症状が悪化する時期**：繁忙期である6月と12月は、仕事の多さがストレスとなりエンゲージメントが低下しやすい

最後に、持病とその要因が特定されたら、最後は対策を練ります。それぞれの要因に対して、付箋で回避する方法の意見をだし、グループ化していくと良いでしょう。

自分たちのチームの持病は、他のチームの持病であることも少なくありません。そのため、自分たちのアイデアだけに頼らず、本やWEBサイトから対策方法を調べるのもおすすめです。

例えば、先の例だと下記のような回避方法が挙げられるかもしれません。

例　**エンゲージメントが低いチーム**

・**チームの習慣**：マネジャーが、プランが出来上がった段階だけでなく、中間フェーズでもチェックを行い、納期前の再検討を減らす
・**症状が悪化する時期**：繁忙期は、アルバイトを雇い定型業務を任せて、メンバーの負担を軽減させる

〝避難訓練〟の重要性

事前対策を進める上では、〝避難訓練〟をすることも欠かせません。

ここでいう〝避難訓練〟**とは危機的な困難が起きたことを想定して、その時にどう動くのか、チームで考えを深める実践**のことを指します。

地震大国である日本において、避難訓練をしたことがない人はほとんどいないと思います。地震の発生を想定し、落ちてくるものでけがをしないように机の下に隠れたり、安全なところに逃げたりする避難訓練は、災害時の身の守り方を学ぶ上で重要な役割を果たしてきました。

一方、ビジネスでは危機的な困難に備えて訓練をするという考え方はあまり浸透していません。しかし、この手法は災害以外の困難の対処方法を学ぶ上でも有効だと考えられます。

近年ではＩＴ分野を中心に〝避難訓練〟を行うチームが少しずつ増えてきています。

例えば、日本経済新聞社の「日経電子版」チームではインフラとしてのＷＥＢ記事を供給し続けるために、システム障害訓練を実施しています[62]。

具体的には、サービスのデータベースを実際に一時停止して、そこから復旧する訓練を行っているそうです。

〝避難訓練〟の設計にはいくつかのコツがありますが、例えば同社の事例のように、下記の2つを意識することが大切です。

【避難訓練のコツ】
①できるだけリアルな訓練をする
②誰か一人に対処を任せないデザインにする

まず、〝避難訓練〟を企画する際は、リアルな訓練を追求することが欠かせません。

学習論の中にも、「**真正性**（**authenticity**）」を重要視する動きがあります。「真正性」とはその字の通り、まるで本物のような状況を指します。

62　下記の記事や動画から、障害訓練の詳しい内容についてご確認いただけます。
NIKKEI BLOG「システム障害訓練のススメ」(https://hack.nikkei.com/blog/advent20211220/) より
CULTIBASE ―予期せぬ事態に強い組織の備え方：日経電子版の障害訓練に学ぶ、ナレッジ共有の方法論 (https://www.cultibase.jp/events/12903)

その例としてよく挙げられるのが研修です。

研修を実務に活かせないもどかしさを感じたことがある方もいるのではないでしょうか。研修において真正性が十分でないと、学んだ内容を実務で活かすのは難しいように、〝避難訓練〟もリアルでなければ、いざという時に役に立ちません。

日本経済新聞社の障害訓練のようにデータベースを一時止めるなど、できるだけリアルな〝避難訓練〟をすることが欠かせないのです。

また、〝避難訓練〟の設計を、誰か一人に対処をさせる形にしないことも大切です。日経電子版チームは、その障害の対処方法に詳しい人以外で対応するといった制約を設けてシステム障害訓練を実施しています。新しいメンバーがシステムの概要を知り、困難に対処する知識を身につけるきっかけとしても訓練を活用しているのです。

できる人に任せてばかりでは、その人が異動した場合にうまく対応できなくなってしまう可能性があります。ですから、日経電子版チームのように一部の人だけが困難に対処する方法を学ぶのでなく、チームみんながその方法について詳しくなれるように訓練を設計することが大切です。

〝避難訓練〟は「やっただけ」では不十分

どんな重要な取り組みでも、「やっただけ」で満足してしまっては十分な学習効果を得ることができません。

ビジネスにおける〝避難訓練〟でも、訓練をしただけで終わりにしてしまっては、レジリエンスの高いチームにあと一歩及びません。訓練を実施した後に振り返らなければ、改善すべき箇所を修正することができないのです。

筆者らの専門である学習理論の中には、「**経験学習モデル**」という、経験から学ぶ現象を描いたモデルがあります。これは、アメリカの社会心理学者のデービッド・コルブが生み出したモデルです。

経験学習モデルは、具体的経験→内省的観察→抽象的概念化→能動的実験、さらに次の具体的経験へとサイクルを回すことで人は経験から学習することを示しています[63]。

単に経験をするだけで学べるのでなく、経験を振り返り、そこから仮説を立てて次に活

63 Kolb, D. A. (2014). *Experiential learning: Experience as the source of learning and development*. FT press.

かすことで、はじめて新しい知識が得られるのです。

・**具体的経験**：何かしらの経験をすること（避難訓練を行う）
・**内省的観察**：経験を振り返り、やり方を見直すこと（避難訓練をしてみて、改善できそうな点を考える）
・**抽象的概念化**：過去の経験にもとづいて、次はこうしたらうまくいくのではないかという仮説を立てたり、自分なりのノウハウに落とし込んだりすること（次の避難訓練をよりよく機能させるための仮説をつくる）
・**能動的実験**：抽象的概念化で立てたノウハウを実際に試してみること（次の訓練や実際に困難が生じた時にいかす）

そのため、〝避難訓練〟の後もまずは良かった点や悪かった点を振り返り、困難時のより良い動き方を考え、次の訓練に活かすのが大切でしょう。

先に紹介した日経電子版チームも、システム障害訓練後の振り返りを大切にしています。[64]

64 CULTIBASE—予期せぬ事態に強い組織の備え方：日経電子版の障害訓練に学ぶ、ナレッジ共有の方法論（https://www.cultibase.jp/events/12903）

図表5-2：経験学習モデル

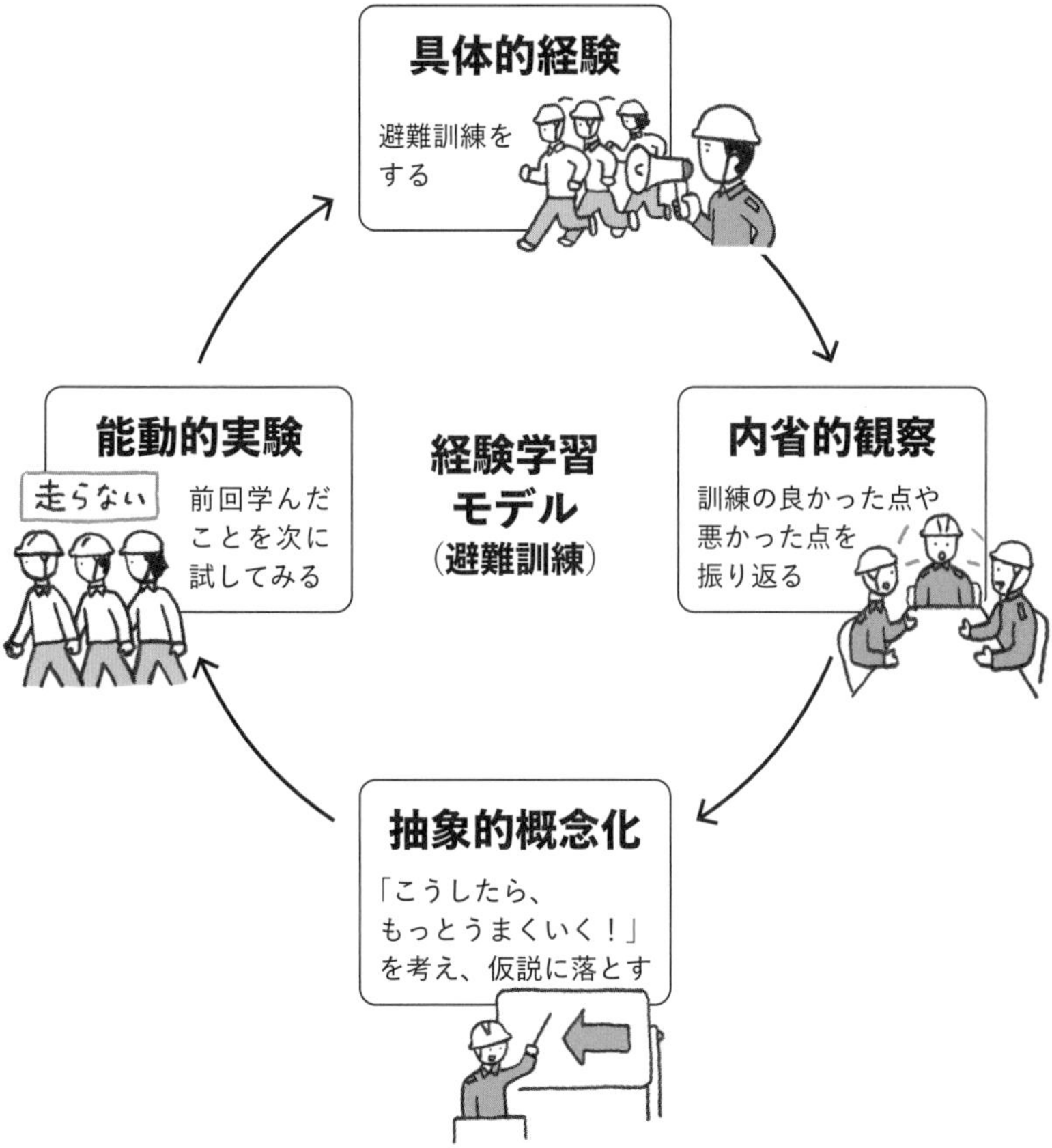

具体的には「KPT（Keep：今後も続けるべきこと、Problem：改善すべきこと、Try：次に取り組むべきこと）」のフレームワークを用いながら、下記の3つを意識し、振り返りによる学びを深めているそうです。

a．反省点をたくさん挙げる
b．「個人のミス」で片付けない
c．改善点を社内の他のチームに共有する

a．反省点をたくさん挙げる

振り返りを深める上では、まず、今後も続けるべき点と改善すべき点をたくさん挙げることが大切です。

自分では「小さな気づきだ。共有するほどのことじゃない」と思っていることが、困難を乗り越える上で重要なポイントにつながる場合もあります。

そのため、反省点を付箋に書き出すなどして、とにかくたくさん言語化し、チームで共有することが欠かせません。

b．「個人のミス」で片付けない

「個人のミス」で片付けず、チームで共有されたものをどのように改善すべきか考えることも大切だといいます。

4章で紹介した、「自己防衛の落とし穴」のように「私が勘違いしてしまったから」とミスを個人に帰属させるのはよくあることです。

しかし、1人がマニュアルをもとに対処をする上でミスをした場合、他の人も同様にうまく読み込めず、ミスをする可能性があります。

つまり、個人のミスはマニュアルのような道具やチームの仕組みによって生まれている場合も多いのです。そのため、うまくいかなかったことの責任を個人に帰属させずに、マニュアルや仕組みなどを改善していくことが大切です。

c. 改善点を社内の他のチームに共有する

別のチームも知見を活用できるようになるため、改善点を他のチームに共有することも欠かせません。

日経電子版チームも振り返った内容をチーム外にも共有し、訓練による学びをチームだけでなく、社内に広げているそうです。

このように、実施した〝避難訓練〟について、よく振り返り改善案を立てておくと、チームに困難が生じたときもより良く動けるようになるでしょう。

〝避難訓練〟するほど、リソースがない時は？

2章において、〝守り〟主体のチームは「被害の最小化」優先、〝攻め〟が主体のチームは「対処」優先であることを説明しました。

そのため、クリエイティブな発想が求められるメーカーの企画部門チームや新規事業開発チームなどのような〝攻め〟が主体のチームは、避難訓練にコスパの悪さを感じるかもしれません。

そのような場合には、**危機的な困難が生じた時のフローについてまとめ、共有しておくこと**がおすすめです。

急性的な困難に遭遇すると、焦りが生じます。そうしたときも落ち着いて迅速に困難に対処する上では、解決のフローがわかっていることが大切なのです。

例えば、重要な企業の情報が入ったPCを紛失した場合に取るべき行動や手順がまとまっていれば、インシデントに対しても早急に取り組むことができます。

〝攻め〟が主体のチームでも、危機的な困難が生じた時のフローだけは、しっかりと共有しておくと良いでしょう。

困難発生時に大きな差がつく「通常業務の手順化」

チームの回避力を高めるためには、困難そのものの対策をシミュレーションするだけでなく、「作業手順書」を作成し、業務を引き継ぎやすくしておく対策が有効です[65]。

困難に遭遇したとき、当然ながら、その解決だけに時間を注げば良いわけではありません。多くのチームは、困難への対応と通常業務を「同時並行」で続ける必要があります。困難に遭遇しても通常通りのパフォーマンスを発揮することは、利益をあげる上でも顧客との信頼関係を構築する上でも大切です。

65 Alliger, G. M., Cerasoli, C. P., Tannenbaum, S. I., & Vessey, W. B. (2015). Team resilience: How teams flourish under pressure. Organizational Dynamics.

しかしながら、下記のような状況から、通常業務を維持するのが難しい場合もあります。

・チームが困難に遭遇しているため、メンバー全員が落ち着かず業務が手につかない
・リーダーは困難の対処に集中しなければならないため、業務の一部をメンバーに引き継ぎたいが、メンバーは仕事の進め方がわからない

こうした場合に備え、普段の業務の進め方ややり方をまとめた「作業手順書」をつくることが欠かせないのです。

手順書を作成することは、一見面倒に思えるかもしれません。

しかし、**時間のあるときにつくっておけば、チームに困難が生じたときに焦らずに仕事を進められます。**また、他の人が代わりに業務を担う場合にも、引き継ぎがスムーズです。

業務にはやり方が決まっている定型業務と、決まっていない非定型業務があります。

定型業務の作業手順書をつくるにあたっては、まず、普段行っている仕事の手順を書き起こします。そして、他の人が見てもわかりやすいように表現を整えます。手順に加えて、コツがあるならば、それもあわせて書いておくとより引き継ぎがスムーズになるでしょう。

非定型業務には、手順書に落とし込むのが難しいものも多くあります。
しかしながら、非定型業務の中にも、ある程度の型が決まっているものもあるはずです。
例えば、新しい企画を立てるという業務ならば、企画を立てる際に自分が使っているステップや、気にすべき点を共有できるかもしれません。

「型」をあぶり出すには、以下の問いをもとに過去の実践を振り返り、暗黙知[66]を言語化することがおすすめです。ポイントは、ちょっとした「差分」に着目して、暗黙知を探ることです。

「どのようなステップで進めるのか？」「コツは何か？」などの問いでは、教科書に載っているような抽象的な答えしか出てこないため、その仕事を遂行するための情報は足りません。それに対して以下のような問いだと、より具体的に実践知が言語化されます。

・仕事を始めたばかりの頃はやっていなかったけれど、今やっていることは何か？（過去と現在の差分）
・後輩に教えているけれど、なかなかやってくれないことは何か？　それをなぜ、自分は

66　マイケル・ポランニー（2003）暗黙知の次元．筑摩書房

できるようになったのか？（後輩と自分の差分）

「型」についてまとめたら、最後は仕事を引き継ぐ可能性のあるメンバーに疑問点がないか聞くことも大切です。自分では、「これを見ればこの仕事ができるだろう」と思っていても、他のメンバーから見ると、もっと知りたいことがあるケースは少なくありません。

また、個々の仕事内容や作業手順は日々アップデートされます。そのため、受け継がれた作業手順書がある場合でも、定期的に最新の状況を踏まえて内容をアップデートすると良いでしょう。

いざという時の「外部専門家リスト」

チームは自分たちだけで解決できない課題に直面することもあります。

例えば、新規事業を進めるチームが法律の問題にぶつかった場合、チームメンバーに詳しい人がいなければ解決することは難しいでしょう。

こうした困難に直面したときは、外部の専門家に頼ることも欠かせません。

しかし、チームレジリエンスに関する先行研究では、いざというときほどチームはすぐに助けを求められないと指摘されています[67]。

私たちは、「119」に電話をかければ、救急車を呼べることを知っています。しかし、もし外国にいて救急車の電話番号を知らなかったら、体調が悪くなったり、事故に遭ったりしても、すぐに助けを求めることができません。

困った時にどこに連絡をすれば良いのかわからないために、すぐに専門家に頼ることができないといったケースは、チームの緊急時によくあることです。

だからこそ、困難なときに専門家に頼れるようにするため、いざというときに頼れる人のリストをつくっておくことが有効なのです。

アリガーらの研究では、頼れる人のリストをつくることが推奨されています。

また、頼れる人のリストを作る際には、「連絡先だけでなくその人に頼れる内容と連絡可能な時間帯を明記する」、「定期的に連絡を取り合う」などの工夫も必要だと指摘されています。

67 Alliger, G. M., Cerasoli, C. P., Tannenbaum, S. I., & Vessey, W. B. (2015). Team resilience: How teams flourish under pressure. Organizational Dynamics.

困難が生じた際、サポートしてくれる人と直接的なつながりがあるメンバーだけが、このリストを使用するわけではありません。そのため、リストに掲載した人がどんな人なのか、いつなら頼ることができるのか、チームの全員がわかるようにしておく必要があります。

また、リストに載っている人に最後に連絡をしてから時間が経っているなら注意が必要です。

下手をすれば、その人にもう連絡が取れなくなってしまっていることもあるでしょう。例えば会社のアドレスを教えてもらっていたけれど、転職してしまっていたようなケースです。

一見、ビジネスではよくあるような話なので重要なことには聞こえづらいですが、困難が突然襲ってきた際に連絡が取れなくなっていたと気付くのでは、いざというときに困ってしまいます。

そのため、半年~1年に一度、連絡をとって常にリストを更新しておくことも大切です。

おわりに

本書では、「チームが困難から立ち直る力を高める方法」について、解説してきました。

変化が激しく、未来が不確かな現代において、チームはたくさんの困難に遭遇します。新型コロナウイルスの感染拡大のように予想もしなかった困難から、業務負荷の継続のような慢性的な困難まで、私たちはたくさんの困難に向き合わなければなりません。

こうした困難を乗り越え、高いパフォーマンスを発揮するためには、チームレジリエンスが必要です。リーダー個人のレジリエンスに頼っていては、厳しい困難を乗り越えられません。また、重たすぎる負荷のもとでは、強いリーダーが折れてしまうこともあります。

そのため、「課題を定めて対処する」「困難から学ぶ」「被害を最小化する」というステップにチームで取り組み、乗り越えていくことが大切なのです。

この本の執筆にあたり、編集者の小池真幸さんと日本能率協会マネジメントセンターの山地淳さんから多大なサポートをいただきました。

小池さんには、初めて一般書を書くにあたり、筆者（池田）が文章作成で苦労していた際、細かく丁寧に指摘と修正を施していただきました。山地さんには、本の構成を練る過程で、読者に理解しやすいようにという視点から多くの貴重なアドバイスをいただきました。また、チームで困難を乗り越えた経験についてのヒアリングにご協力いただきました方々にも、深く感謝申し上げます。

なぜ「チームレジリエンス」を研究するようになったのか

筆者（池田）は、「困難に直面した人に寄り添えるような本を書きたい」という思いのもと、本書を書き進めてきました。最後に少しだけ、なぜ筆者がそのような思いを抱くようになったのか、個人的な話を書いて締めとしたいと思います。

筆者が「レジリエンス」という概念に最初に興味を持ったのは、大学院の修士課程のときでした。

筆者はその頃、学習環境デザインを専門とする研究室に所属し、キャリア開発に関する研究を行っていました。修士論文を書くにあたっては、まず、すでに行われている研究を調べます。文献を調べていく中でわかったのは、キャリア開発では「目指す将来像を決めて、そのためのプランを考える」という実践がよく行われているということでした。

確かに目指す姿を決められれば、そのために頑張ることができます。しかし、筆者はこの考え方に少し違和感を覚えました。

それには、当時はちょうど、修士課程卒業後の自分のキャリアについて考えている時期であったことが影響しています。

大学院に入り、指導教官や、当時研究室の先輩でメンターでもあった共著者の安斎さんに憧れ、「研究を続けたい」という思いが強くなっていました。しかし、アカデミアで生計を立てていくことは難しく（筆者自身、まだ任期つきの雇用です）、進学の門も狭いものでした。そのため、博士課程に進みたいと思ってはいたものの、それが叶う可能性は低く、その後もうまくいくかわからない状況にありました。

実体験として、「やりたいことが見つかったとしても、そのゴールまではいばらの道かもしれないし、夢が叶うとは限らない」「ゴールを決めるだけで十分なのか」などと感じていたのです。

そんな時に、出会ったのが「レジリエンス」という概念でした。

目指す方向を探すことも大切だけれども、うまく行かないときにそこから立ち直り前に進んでいく力はそれ以上に大切です。

筆者は、うまくいかないことが起きるとすぐに落ち込んでしまい、何をしていいのかわからず立ち止まってばかりでした。


しかし、レジリエンスを身につけることができれば、そんな自分を変えることができるのではないか？

レジリエンスを高める方法について研究をすれば、自分と同じように困難な状況に過度に苦しんでしまう人の力になれるのではないか？

そう思い、レジリエンスに関する研究を始めたのです。


個人のレジリエンス研究を行っていた筆者が、チームレジリエンスに関する本を書いたのは、「はじめに」で述べたように、就職した同期がチームの困難に悩んでいたからです。

困難を経験するのは、個人だけではありません。

この本に書いてきたように、チームもさまざまな困難を経験します。

レジリエンスが高いチームは、苦境に立たされても屈せず、それを成長の糧とします。一方で、レジリエンスが低いチームは、困難に直面した際、大きな苦痛を経験します。

博士号取得後は縁あって「社会人の学び」についての研究を始めましたが、研究をする中でお会いする社会人は多かれ少なかれ、チームで働く上での困難を感じていました。チームが抱える困難は、より難解なものが多く、うまく解決できなければ自分一人でなくチームメンバー全員に被害をもたらしかねないといった性質を持っています。

特に、リーダーはそうした困難を目の前にして不安を感じることや、うまく解決できず落ち込んでしまうことも少なくないでしょう。

筆者自身も、チームに関しては苦い思い出があります。

学生の頃リーダーを任されていたチームにおいて、メンバー間で亀裂が生じ、その対立を解決するために何をすれば良いのか、手探りの状態でした。結局、うまく舵を取ることができず、優れた能力を持った仲間がチームを去ることとなり、胸が痛む思いをしました。

その時に、もしもチームレジリエンスについての知識があれば、もしかしたら事態はもっと前向きに進められたのではないかと、10年以上経った今でも考えることがあります。

そして、誰かが辛い思いをすることも防げたのではないかと。

本書が、あの時の筆者のように、困難下でしんどい思いをされているあなたの一助となれば幸いです。

皆さんのチームが、困難を乗り越え、素敵な成果を発揮できますように。

困難に強いチームになることで、一人ひとりがより楽しく働けますように。

２０２４年５月

池田めぐみ

●著者紹介

池田 めぐみ（いけだ めぐみ）

筑波大学ビジネスサイエンス系助教

株式会社MIMIGURI リサーチャー

東京大学大学院学際情報学府博士課程修了。博士（学際情報学）。東京大学大学院情報学環 特任研究員、東京大学 社会科学研究所附属社会調査・データアーカイブ研究センター 助教を経て2024年４月より現職。主な研究テーマは、職場のレジリエンス、若手従業員の育成。分担執筆として関わった書籍に『活躍する若手社員をどう育てるか』（慶應義塾大学出版会）、『ジョブ・クラフティング：仕事の自律的再創造に向けた理論的・実践的アプローチ』（白桃書房）など。

安斎勇樹（あんざい ゆうき）

株式会社MIMIGURI代表取締役Co-CEO

東京大学大学院 情報学環 客員研究員

1985年生まれ。東京都出身。東京大学工学部卒業、東京大学大学院学際情報学府博士課程修了。博士（学際情報学）。人と組織の可能性を活かした新しい経営・マネジメント論について探究している。主な著書に『問いのデザイン：創造的対話のファシリテーション』（共著・学芸出版社）、『問いかけの作法：チームの魅力と才能を引き出す技術』（ディスカヴァー・トゥエンティワン）、『パラドックス思考』（共著・ダイヤモンド社）など。

チームレジリエンス

困難と不確実性に強いチームのつくり方

2024年6月10日　初版第1刷発行
2024年7月30日　　　第3刷発行

著　者　池田めぐみ、安斎勇樹
©Megumi Ikeda, Yuki Anzai

発行者　張 士洛
発行所　日本能率協会マネジメントセンター
〒103-6009　東京都中央区日本橋2-7-1　東京日本橋タワー
TEL　03(6362)4339(編集)／03(6362)4558(販売)
FAX　03(3272)8127(編集・販売)
https://www.jmam.co.jp/
装　丁　山之口正和(OKIKATA)
イラスト　須山奈津希(ぽるか)
編　集　小池真幸
本文DTP　滝澤 博(デジカル)
印刷所　三松堂株式会社
製本所　三松堂株式会社

本書の内容の一部または全部を無断で複写複製(コピー)することは、法律で認められた場合を除き、著作者および出版者の権利の侵害となりますので、あらかじめ小社あて許諾を求めてください。

978-4-8005-9103-6　C2034
落丁・乱丁はおとりかえします。
PRINTED IN JAPAN

JMAM の本

心理的安全性のつくりかた

「心理的柔軟性」が困難を乗り越えるチームに変える

石井　遼介 著

四六版336 頁

本書では注目を集める心理的安全性を理解し、再現できるよう、そのアプローチについて日本の心理的安全性を研究してきた著者が解説する。心理的安全性が「ヌルい職場」ではなく、健全な衝突を生み出す機能であることを解説し、日本における心理的安全性の4因子「話しやすさ」「助け合い」「挑戦」「新奇歓迎」を紹介。また、リーダーに必要な「心理的柔軟性」と、4因子を活性化させる行動分析によるフレームワークを解説する。

日本能率協会マネジメントセンター